本书为东北农业大学、河北省农林科学院博士后研究报告

农村社会治理创新研究

基于河北省100个村庄的考察

耿永志 王慧军 著

中国社会科学出版社

图书在版编目（CIP）数据

农村社会治理创新研究：基于河北省100个村庄的考察／耿永志，
王慧军著 . —北京：中国社会科学出版社，2016.11
ISBN 978 - 7 - 5161 - 9279 - 5

Ⅰ . ①农… Ⅱ . ①耿…②王… Ⅲ . ①农村—社会管理—研究—
河北 Ⅳ . ①C912.82

中国版本图书馆 CIP 数据核字（2016）第 270864 号

出 版 人 赵剑英
责任编辑 姜阿平
特约编辑 蒋同甫
责任校对 邓晓春
责任印制 张雪娇

出 版 中国社会科学出版社
社 址 北京鼓楼西大街甲 158 号
邮 编 100720
网 址 http://www.csspw.cn
发 行 部 010 - 84083685
门 市 部 010 - 84029450
经 销 新华书店及其他书店

印 刷 北京君升印刷有限公司
装 订 廊坊市广阳区广增装订厂
版 次 2016 年 11 月第 1 版
印 次 2016 年 11 月第 1 次印刷

开 本 710×1000 1/16
印 张 11.5
插 页 2
字 数 193 千字
定 价 45.00 元

前　言

本书是乡村治理领域"田野式调查"的结果，从历史发展的维度、统筹城乡发展的维度、五位一体的维度，对农村社会治理进行了全方位考察。主要采用访谈和问卷调查法，对河北省100个村庄的1484名农村居民进行调查，沿着"寻短板、找差距、构机制"的主线展开研究。在分析当前农村社会治理面临的主要问题的基础上，重点从农民需求的视角揭示问题的原因，并根据当前阶段我国农村社会治理的具体目标和任务，探究农村社会治理的创新机制和保障措施。

从历史的维度看，新中国成立后，我国农村先后经历了乡政并立、政社合一、乡政村治三个阶段。家庭联产承包责任制的推行，使我国农业和农村经济发生了翻天覆地的变化，全面取消农业税，极大地促进了我国农业的发展、农民收入的增加和农村社会的稳定。但是，另一方面也产生了一些明显的与农村社会治理不和谐的社会后果：农村集体经济发育不足、社会治理的物质基础薄弱，组织化能力削弱，社会治理主体不健全，农村社会文化零落，农村社会结构散失，农村社会关系显现利益化和个体化倾向，农村社会组织的功能尚不完善。在这样的情况下，农村社会治理的主体重构过程面临困难。农村社会治理实际上是农民在实践过程中不断自我教育和成长的过程。

从统筹城乡发展的角度看，农村社会治理除了要解决农村社会固有的矛盾和问题外，应进一步加强农村基础设施和公共投入力度、实现城乡协调发展、实现城乡公共服务的均等化配置，这是农村社会治理面临的新背景和新任务。调查结果显示，当前农民最关注的农村社会问题主要有养老服务、教育服务、土地流转法律服务及各种纠纷等。农民认为城乡之间存在较大差距的社会问题依次是环境卫生、业余生活、权益维护、交通、教育、养老等问题。从农民对农村社会状况的满意情况来看，满意度普遍不高，农民满意度较低的问题依次是：权益维护、老年生活、环境卫生、业余生活、教育等问题。

本研究将传统的用于市场分析的 IPA 方法引入到农村社会治理领域，从城乡差距和农民满意度的角度进行了交叉分析。研究结果表明：在业余生活、环境卫生、学校教育、农民维权等问题上，农民感觉城乡之间存在明显差距，满意度也最低，农村社会治理需要关注并重点推进这类问题的解决。在养老问题上，农民感受到的城乡差距比较小，但是大部分农民对此问题的满意度很低，养老问题在城乡之间普遍存在，但在性质上存在差异，解决养老问题需要城乡同时推进。在交通问题上，虽然城乡之间存在较大差距，但是绝大多数农民对当前农村的交通状况是比较满意的，在农村所面临的众多社会问题中，其优先顺序发展较低。在治安问题和人际关系问题上，大部分农民认为在这两类社会问题上并不存在明显的城乡差距，对目前农村的治安状况和人际关系相对满意。

从五位一体的角度来看，经济、政治、社会、文化、生态等要素对农村社会治理具有重要影响。在农村社会治理过程中，经济要素是一切矛盾的根源，也是解决问题的根本性力量；政治要素则是解决问题的主导力量；文化要素则是影响农村社会治理的重要价值性要素；社会领域则蕴含着众多所需要解决的问题和矛盾，也蕴含着社会自组织的力量和形式；生态要素是解决问题的外在约束性要素。文章利用调研数据对各个要素进行了卡方独立性检验，结果表明，五个要素相互之间具有显著的关联性，支持了"五位一体"理论的合理性，这说明农村社会治理需要全方位同步推进。农村社会治理需要体现农民生产、生活、生态一体化治理理念，解决农村任何一个领域的问题，均需考虑以上五个要素之间的相互关联，需要发挥各种要素的共同作用，沿着"民生—秩序—民主"的路径整体推进。

农村社会治理问题背后的根源在于经济与政治之间的割裂。从经济上看，农村经济发展借助的是市场手段，农民处于相对的小生产分散状态；从政治上看，农村管理更多借助了行政命令的方式，民意表达渠道不畅，民主监督流于形式。农村经济与政治之间的割裂，使得农村社会治理主体不健全，农村文化生活单调，农村组织的凝聚力下降，城乡社会差距扩大，环境问题突出。这是问题的根源！提升农村社会治理水平，需要弥补两者之间的裂痕，防止出现短板，从五位一体的角度全方位推进各项工作。

推进农村社会治理工作，需要尊重农民的意愿，分析农民解决问题的逻辑。对于公共服务类问题，它属于典型的公共物品，需要更多地加大政府投入、强化农民自我供给能力。对于公共事务类问题，由于具有典型的外部性特征，核心问题是如何合理分担费用、提高组织化程度。对于公共秩序类问题，由于它们具有较强的内生性特征和维稳性的目的，解决这类问题需要建立相应的规则和制度，加强疏导和防范。

加强农村社会治理工作，必须将主体培育工作列为首要任务。要使乡镇党委政府和"村两委"真正成为治理工作的引导者和凝聚者，使农民个体真正成为治理的参与者和实践者，使农村社会组织真正成为治理活动的推动者，不断提升治理主体的素质及参与积极性，提高治理主体的参与质量。

加强农村社会治理，需要"寻短板、找差距、构机制"，需要完成从"维稳"到"善治"的理念转变，要维护农民在社会治理活动中的核心地位，构建包括社会自治机制、社会动员机制、矛盾化解机制以及和谐构建机制在内的治理体系。创新农村社会治理机制，从根本上改变以往落后的农村公共服务供给方式。

目　　录

第一章　导论

第一节　研究背景

改革开放近 40 年来，我国农村发生了翻天覆地的变化，这种变化不仅表现在经济层面，更主要地表现在社会结构、社会组织、利益关系、意识形态、价值观念和精神追求等诸多方面。目前，我国进入新型城镇化、统筹城乡发展的新阶段，到 2020 年，要全面建成小康社会，显然全面建成小康社会的短板在农村。目前，我国农村还没有摆脱农民"原子化"、农村"空心化"、农业"碎片化"，现有乡村管理模式远远不能适应当前农村社会的生产生活方式，也无法适应新的形势和任务的需要，我们迫切需要改进农村社会治理的方式方法，最大限度地激发农民参与社会治理的内在动力，提高农村社会治理水平，为全面建成小康社会补齐短板。

第一，提高农村社会治理水平是推进国家治理体系和治理能力现代化的需要。

党的十八大报告明确指出，要围绕构建中国特色社会主义社会管理体系，加快形成党委领导、政府负责、社会协同、公众参与、法治保障的社会管理体制，加快形成政府主导、覆盖城乡、可持续的基本公共服务体系，加快形成政社分开、权责明确、依法自治的现代社会组织体制，加快形成源头治理、动态管理、应急处置相结合的社会管理机制。

2013 年 11 月，党的十八届三中全会进一步明确①，全面深化改革的总目标是完善和发展中国特色社会主义制度，推进国家治理体系和治理能力现代化。要加快形成科学有效的社会治理体制，确保社会既充满活力又

---

① 2013 年 11 月 12 日中国共产党第十八届中央委员会第三次全体会议通过的《中共中央关于全面深化改革若干重大问题的决定》。

和谐有序。创新社会治理，必须着眼于维护最广泛人民群众的根本利益，最大限度增加和谐因素，增强社会发展活力，提高社会治理水平。

农村社会是我国社会的重要组成，农村社会治理是整个国家治理体系的重要组成部分，且是薄弱区域，农村社会治理不健全就会出现"基础不牢、地动山摇"的问题。因此，我们需要针对农村的具体情况，建立健全相应组织机构和运行机制，提高农村的社会治理能力和水平。

第二，提高农村社会治理水平是统筹城乡发展、"五化同步"发展、全面建成小康社会的需要。

统筹城乡发展需要为城乡提供均衡的社会服务，需要通盘考虑城市和农村的发展。实现"工业化、信息化、城镇化、绿色化与农业现代化"的协调互动发展。"小康不小康关键在老乡"，全面建成小康社会，重点在农村。这些都为农村社会治理水平的提高提出了新要求。当前，我国面临着新型城镇化的任务，但在我国农村占主体的现实情况下，城镇化进程只能加快，不可能全面实现城镇化。因此，只有城镇化与"美丽乡村"建设同步进行，才是我们中国特色社会主义社会治理的必选之路。

第三，提高农村社会治理水平是促进农村经济社会全面发展的需要。

生产力决定生产关系，农村经济发展到一定阶段，需要一定的管理方式与之相适应，农村经济发展自身的矛盾，需要借助一定社会组织和管理方式来解决。随着农业现代化水平的提高，越来越多的土地会向农业龙头企业、农民合作社、专业大户、家庭农场等新型经营主体流转，农业生产的市场化、专业化、规模化步伐逐步加快，这必然对农村社会治理提出新的要求。同时，提高农村社会治理水平是促进农村经济发展和繁荣的必然要求和重要途径。

农村社会治理主要针对的是农村社会领域，包括公共设施、教育、卫生、文体、人口计生、社会保障等方方面面，这些均关系到广大农民群众的切身利益。长期以来，我们大多关注农村的经济发展，忽视了农村社会事业的发展，农村社会事务的管理也缺乏科学的有效机制。提高农村社会治理水平可以有效弥补长期以来农村社会领域的机制缺陷和不足。

第四，提高农村社会治理水平是维护基层民主自治的需要。

中国共产党领导下的村民自治制度是我国农村社会治理的基本制度。但由于农民的小生产、小农户分散性特征，加之其科学文化素质的低下，法律、权利、责任、义务意识的淡化，有的农民甚至已经到了麻木的地步,利益往往"被架空"或者"被代表","贿选""抓空阄"等现象时有发生。提高农村社会治理水平,寻找更有效的管理方式,可以有效体现国家的意志,贯彻党在农村的路线、方针、政策,集聚农民的声音,真正实现中国共产党领导下的基层管理民主与自治。

第五,提高农村社会治理水平是实现农村长治久安、构建社会主义新农村的需要。

中共中央在2008年《关于推进农村改革发展若干重大问题的决定》中就明确提出,要"坚持服务农民,依靠农民,完善农村社会管理体制机制,加强农村社区建设,保持农村社会和谐稳定"。而在法治观念淡薄的农村,经济社会问题层出不穷、盘根错节,成为社会矛盾的集中爆发区,维系稳定已经成为县乡两级政府工作的重中之重。农村社会治理本身已经成为维持社会稳定、实现社会和谐的重要内容。

总之,提高农村社会治理水平,是时代赋予我国"三农"发展的历史重任,构建新的机制、加强治理能力、提高治理水平、改进方式方法,是我国推动农村经济建设、推动社会事业科学发展、全面建成小康社会的时代召唤。

第二节 研究目的和意义

本研究目的在于从历史发展的维度、统筹城乡发展的维度、五位一体的维度,对农村社会治理进行全方位考察,从农民的感受中分析影响当前农村社会治理的关键性因素,探究创新农村社会治理机制的具体措施,为推进我国农村社会治理工作提供借鉴和参考。具体包括:

(1)通过对我国农村社会治理历史的考察,探寻当前农村社会治理问题背后的深层次成因。

(2)把农村社会治理放在统筹城乡发展的维度进行考察,分析农民对农村主要社会问题的满意度,了解城乡社会状况差距,寻找城乡统筹社会治理的突破口。

(3)采用深度访谈和问卷调查法,对河北省100个村庄的1484名农村居民进行调查获取一手资料,了解农民对农村社会治理的认识和看法,理解农民解决农村社会问题的思维和逻辑。

(4)从五位一体的角度考察经济、政治、社会、文化、生态等要素对农村社会治理影响机理,利用数据检验"五位一体"治理理论的正确性,分析系统整体推进农村社会治理的关键要素、主要问题和具体思路。

(5)在分析当前农村社会治理面临主要困难的基础上,重点从农民需求的视角揭示社会治理困境和成因,根据当前阶段我国农村社会治理的具体目标和任务,探究农村社会治理的创新机制和保障措施。

理论意义:本研究以相关理论为基础,利用社会学、新公共管理和服务理论,对调研中所看到的具体问题进行分析,这在已有的研究当中是不多见的。无论是从城乡统筹角度的分析,还是从五位一体角度的分析,都是理论上的大胆尝试,无论是研究过程,还是研究结论,均突破了以往单一视角的研究成果,极大拓展了研究我国农村社会治理问题的理论视野。

实践意义:本研究更多侧重于实证分析,以田野调研资料为依据,普遍性数据和典型性案例相结合,详尽描述和分析访谈过程中所发现的具体问题。研究过程主要从农民需要的角度入手,分析农民对社会治理的认识和诉求,站在农民的角度提出相应的措施和建议,这对于指导当前我国农村的社会治理工作,具有较强的实践意义和政策参考价值。

第三节 文献综述

一 国内外研究现状

西方资本主义国家为维护资产阶级统治和促进社会发展,不断调整和完善管理方式,已经积累了丰富的社会管理经验,形成了比较成熟的社会管理理论。第二次世界大战以后,对社会管理具有重大实际影响的理论主要有福利国家理论、"第三条道路"理论、"新公共管理"理论、治理与善治理论等。前两者主要是从社会政策层面说的,后两者主要是从社会管理主体和方式的角度来说的。

实际上,社会管理并没有统一的模式。任何一种社会管理理论和实践,都是特定经济社会发展阶段和特定文化背景下的产物,借鉴国外的经验和理念,必须充分考虑经济社会发展阶段特征,不能简单照抄照搬。无论是"第三条道路"用"社会投资国家"取代"福利国家"的主张,还是"新公共管理"理论和治理与善治理论,它们的共同点,都是主张政府与社会的合作、互动,以高效地实现公共利益。

在党的十八届三中全会之前,国内大多数研究采用的是"社会管理"

一词，少数研究提到了"社会治理"（我们将在下一章中对相关概念进行界定和辨析）。社会管理主要是指政府和社会组织为促进社会系统协调运转，对社会系统的组成部分、社会生活的不同领域以及社会发展的各个环节进行组织、协调、监督和控制的过程。社会管理主要侧重于政府对社会进行的管理活动。"治理"一词来源于公共管理领域，它是各种公共的、私人的机构和个人，管理共同事务诸多方式的总和，它是使不同甚至相互冲突利益得以调和并且采取联合行动的持续过程。社会治理则强调合法权力来源的多样性，在这社会治理过程中，社会组织、企事业单位、社区组织等同样是合法权力的来源，社会治理的主体是多元的，任何一个单一主体都不能垄断管理过程。在2012年之前，理论界经常用"社会管理"这一概念，尽管不少学者指出社会管理的主体也应该多元化，其中所涉及的理念也越来越接近社会治理，但当时并没有明确使用"社会治理"这个概念，而是沿用了"社会管理"一词。（关于这两个概念的区别，我们会在后文加以详细论述）

我们注意到，在已有的研究中，许多学者在使用"社会管理"一词时，实质上已经具备了"社会治理"的内涵。也就是说，在某些情况下，原来所使用的"社会管理"的概念，实际上表达的是"社会治理"的含义。本报告在评述已有研究成果时，不再简单、机械地照搬原有"社会管理"这个字眼，而是使用更加确切的"社会治理"来表达。显然，"社会治理"的范畴远远大于"社会管理"范畴。在过去的几年中，相关学者们在农村社会治理（管理）① 领域取得了众多研究成果。归结如下。

第一，关于概念，尽管学术界有不同的看法，但越来越重视多学科角度的综合把握。

公共管理学者主要从多中心治理的视角看待社会治理问题；政治学者则主要从国家与社会之间关系的角度进行概念分析；法学学者主要从制度规范的角度进行概念解读；社会学学者大多是从社会政策、社会工作和社区建设等角度讨论社会治理问题。

实际上，对于"管理"和"治理"概念的把握应该是多元的，不能局限于单一的学科和角度。马全中和刘旺洪等学者对社会管理创新的概论

---

① 如前所述，社会治理与社会管理是有区别的，我们在引述原有研究成果时，仍然保留了原文中的用词，希望读者加以区分。

进行了辨析，指出创新是多元社会主体根据政治、经济和社会发展环境，依据社会运行和发展规律，运用新的管理理论、知识、技术和方法等，创新理念、体制机制、方式方法，对非政府组织、社会事务和社会生活进行服务、协调、组织和控制，以实现善治和达到社会良性运行的过程（马全中，2012；刘旺洪，2011）。

党的十八届三中全会，首次提出了"社会治理"的问题，向春玲等学者认为，从"管理"到"治理"，体现执政理念的根本转变，最为核心的变化是治理主体的多元化。传统的管理一般是国家或政府从上至下的行政式的管理，治理是强调作为公共机构的政府和社会力量共同管理社会事务的过程（向春玲，2013）。

笔者认为，社会治理的现实根源在于社会矛盾和冲突，其主体应是多元的，它是管理观念、制度机制创新和方式方法创新的统一，目标是实现社会和谐，它本身需要一定的时间和过程。

第二，"以政府为主导、社会组织和公众共同参与"的模式得到广泛认可。

向春玲等学者认为，既然社会治理的目标和价值取向是社会公共利益最大化，而不是个人的、家族的、利益集团的、特殊阶层的利益，这就需要多种社会主体在管理中共同发挥作用（向春玲，2011）。黄建军等学者认为，社会管理需要三方合力，政府发挥主导作用需要政府在强化服务民生的理念、提升政府社会威信、调节化解风险矛盾、完善社会政策法规等方面下功夫，社会组织协同创新需要大力培育和发展社会组织，公民积极参与社会管理创新需要培育参与意识、畅通参与渠道、提升参与能力（黄建军，2012）。张云英和孙录宝等学者认为，农村社会组织是农村民主管理的组织基础，是农村社区公共生活的组织者，是农村公民社会发展的重要载体。社会组织是参与社会管理的重要力量，应尽快制定完善相关政策法规及实施办法，开展与政府、企业及其社会组织的广泛交流合作（张云英，2011；孙录宝，2012）。张再生等认为，社会管理不仅需要政府发挥其应有作用，更需要最大限度地整合社会资源，激发社会活力，使广大公民有序参与到社会管理创新的过程当中，他们还分析了公民参与社会管理的动力机制、利益诉求表达机制、政府回应机制和监督机制（张再生，吴云青，2012）。包心鉴等重点分析了如何将大众政治参与和社会管理有机结合的问题（包心鉴等，2012）。许芸等分析了大学生村干部参与农村社会管理的问题（许芸，孙建，2012）。

第三，学者普遍认为主要问题在于社会组织体系的不健全。

学者普遍认为，我国农村面临着基层政府职能定位不清、监督制约机制不健全、农村社会组织欠完善以及农民自身综合素质较低等问题（熊昌茂，2011）。徐顽强等学者指出目前我国农村社会组织发展面临着认识、体制、制度、能力等方面的困境，并提出了完善相关法律法规、转变对农村社会组织的认识、加强引导和扶持、规范自身能力建设、建立社会组织孵化中心等建议（徐顽强等，2012）。当然，还有学者指出，加强农村社会管理重要的一点就是要加强基层组织活力，真正发挥基层组织的应有作用（韩芳德，马梅英，2012）。农村社会组织建设要着眼于提高公共服务的质量与效率、满足社会多元化的需求，巩固和扩大党的执政基础、推进基层政治民主化（门献敏，2012）。另外一些学者着重分析了新型农村社区建设的问题。社区组织管理体制不健全、工作机制不协调、服务效能发挥不够、居民缺乏参与意愿等成为农村社区建设存在的主要问题（路小昆，2012）。鲁开垠等学者则提出了以"市场化""社会化"为导向建设新型农村社区的构想（鲁开垠，2012）。龚维斌等学者还专门分析了社区、社团与社会管理的关系，并介绍了江苏省南通市崇川区发展培育社区社会组织、推进基层社会管理的经验（龚维斌，2012）。还有一些学者着重分析了农民专业合作社对社会管理的影响。指出农民专业合作社不仅是稳定完善农村基本经营制度、创新农业经营体制的有效途径，还应是农村社会管理的积极参与者。农民专业合作社的发展有利于解决农民之间的矛盾和冲突，有利于政府职能的转变，有利于村民自治的健康发展，有利于村级组织的建设（王军，2012）。但这种参与目前还不充分，还缺乏相应的载体和平台，这是研究的一个空白点。

第四，关于创新的具体内容，学者们从理念创新、参与主体和格局创新、手段和方式创新等层面给予了重点关注。

王卉等学者认为，创新应表现在三个方面，即主体创新、内容创新、手段和方式创新（王卉，2012）。卢芳霞等学者认为，理念创新表现在由防控型向服务型的转变，主体创新表现在由"一元化"向"多元化"的转变，机制创新表现在由化解型向预防型的转变，手段创新表现在由单一式向综合式的转变（卢芳霞，2011）。李耀新等学者认为，最重要的一点是政府职能定位，政府应当成为公共服务的组织者，而不是提供者，成为

"掌舵者"而不是"划船人"（李耀新，2012）。高汝伟等学者观点与上述相同，同时还指出管理评价要实现由自我评价向服务对象评价的转变（高汝伟，2012）。还有一些学者进而提出了管理模式互动化、管理服务竞争化、管理评估多维化的建议（张海伟，2012）。

在手段和方式创新方面，党群工作、社会工作、互联网等受到了更多的关注。尚秋谨等学者认为，关键在于在官民之间建构一种良性互动的关系，建立官民协同共治的管理模式（尚秋谨，赵仲杰，2012）。顾丽梅等人则结合上海浦东新区的实践，分析了建立在社会管理基础上的党群工作问题（顾丽梅，王芳，2012），张仲灿等人重点探讨了以服务型党组织建设促进基层社会管理创新的问题（张仲灿，2012）。另外，社会工作也逐步纳入到了研究视野。陈成文等学者认为，社会工作是加强农村社会管理的重要手段，农村人口管理、社会治安、利益诉求、特殊人群管理都离不开社会工作，应当为农村社会工作者的成长提供良好环境（陈成文等，2012）。陈慧新等人则结合工作实践，分析了"三社"互动模式，提出依托社会组织、运用社工理念和方法、推进社区建设和基层社会管理。除这些之外，互联网在社会管理中的作用也受到学者们的关注，互联网管理是政治、经济、文化之外的社会管理的重要内容，必须重视互联网管理，它包括党和政府对社会公共事务的管理、网络组织的自身管理以及网络行为者的自我约束（施雪华，2012）。

第五，学者们还对整体思路和体系进行了梳理。

陈福今等学者认为，需要建立健全相应的格局、系统、网络和体系（陈福今，2005）。刘旺洪等学者认为，根本价值目标应是实现社会公平正义、社会平安和谐和人的全面发展。基本价值取向是改善民生、保障民权。主要内容是建构政府与社会的互动关系、建立健全社会管理的长效机制、强化重点领域重点人群的管理服务、加强基层社区建设。基本路径是建设公民社会、扩大民主参与、发展协商民主、推进社会法治建设。技术支撑是网络信息技术等现代管理方法手段的运用。当前，应着力构建包括民生民权服务保障体系、社会纠纷多元解决体系、安全稳定维护应对体系、公民社会培育发展体系、社会管理队伍建设体系、社会管理组织领导体系等"六大体系"（刘旺洪，2011）。徐顽强在其编著的《社会管理创新——理论与实践》中，对社会管理创新的概念、功能特征和价值取向、一般理论、生态理论、协同理论、开放式创新、分布式创新等问题进行了系统梳理（徐顽强，2012）。潘信林等学者着重分析了创新的动力机制，即经济动力、政治动力、文化动力、社会动力，认为经济动力机制是根本，政治动力机制是主导，文化动力机制是支撑，社会动力机制是依托（潘信林，2012），杨钰等人结合苏南地区的实践，分析其中的具体动力问题（杨钰，2012）。

第六，社会公共性、社会自组织能力、社会协同管理和法制建设等问题开始受到关注。

关于公共性，黄建钢等学者认为，社会新建设与社会的公共性发展密切相关，理解公共性需要注重它的整体性和系统性，"公共性"不仅是一种属性，还是一种进程、程度、问题和对策，新的社会建设就是要构建一个"公共社会"（黄建钢，2012）。王彦斌等在其著作中重点分析了公共性基础上的多元共构问题（王彦斌，2011）。关于社会自组织能力，蔡禾等学者指出，社会管理创新是由利益诉求得不到满足引起的，一方面原因是普遍的"个体化诉求"与利益诉求的不公平，另一方面原因是"增长型"利益诉求与制度的匮乏。如果不能在利益群体之间建立起群体对话、协商、谈判的博弈制度，培育出对称的博弈能力，那么国家与个人之间的"中间地带"就会消失，创新社会管理需要搭建利益博弈的公共平台，搭建累积社会资本的公共平台，培育和发展社会的自组织能力（蔡禾，2012）。黄建洪等学者认为，自主性管理是公共管理的核心，创新社会管理必须正确面对社会自主性持续增长这一基本事实，要培育和规范社会自主性，逐步实现社会的现代性转型发展（黄建洪，2012）。关于社会协同管理问题，周水仙等学者通过剖析农村社会管理的现状，阐述了协同管理是我国农村社会管理的必然选择，并从信任基础、主体培育、机制建设三个方面探讨农村社会协同管理的构想（周水仙，2011）。关于法制建设问题，李耀新等学者指出，要实现由"人治型"管理到"法治型"管理的转变（李耀新，2012）。杨建顺等学者从政法的角度对问题进行了详细解构，认为社会管理创新是一个复杂的、综合的系统，要确保其始终发挥应有的重要作用，就必须用法律规范和制度来引导，解决好社会管理中的权、责、利之间的统一问题（杨建顺，2011）。

另外，不少学者开始关注到社会治理过程中的伦理路径问题。比如，王莹教授主持了2012年国家社科基金重大项目，正在对社会治理过程中的伦理问题和相关制度建设问题展开研究。

第七，在实践方面，全国不少地方均积极探索，主要有浙江枫桥镇、重庆黔江区、河北肃宁县等。

"枫桥经验"发源于浙江绍兴诸暨市枫桥镇。20 世纪 60 年代初，该镇干部群众创造了"发动和依靠群众，坚持矛盾不上交，就地解决。实现捕人少，治安好"的"枫桥经验"，1963 年毛泽东同志曾亲笔批示，"枫桥经验"成为全国政法战线一个脍炙人口的典型。后来此项经验不断得到完善和发展，最终形成了"党政动手，依靠群众，预防纠纷，化解矛盾，维护稳定，促进发展"的枫桥新经验。周鑫泽等学者对枫桥镇进行了调研，分析了农村基层社会组织在社会管理中的作用，描述了其生存状态。认为农村基层社会组织在纠纷调解、治安防范、文体活动、妇女计生、卫生工作、教育服务、养老服务、社会救助、污染防治、权益维护及其他领域发挥着重要作用，但却面临着缺乏全面的科学发展规划、法律政策保障和支持缺位、刚性管理体制"门槛高"等问题（周鑫泽，2012）。

重庆市黔江区探索出"1＋X"大院联防、城区"五级五长"制和综治维稳协作会等群防群治管理模式，这是一种典型的"一体化大综治"工作模式。其基本思路：一是，通过多种渠道增加农民收入，为农村社会管理创新创造物质条件；二是，通过健全基层党组织、社会公益组织等，夯实牢固组织基础；三是，通过扩大农村基层民主，深入推进村民自治管理；四是，通过加大政策宣传力度、畅通民意诉求渠道、建立农村帮扶机制等措施，强化引导疏导机制，力促社会和谐；五是，通过转变理念、充实内容、丰富内涵等措施，活跃基层文化活动，充实农民的精神追求；六是，针对农村留守老人、儿童、社会闲散人员等特殊人群，实行动态监管；七是，通过保障司法公平和正义，维护群众合法权益。

河北省肃宁县"四个全覆盖"模式也收到了比较大的成效，其主要做法是实现基层民主组织全覆盖、基层经合组织全覆盖、基层维稳组织全覆盖和基层党组织全覆盖。在具体措施上，与重庆黔江区有许多相似之处。但是肃宁经验的主要特点是：社会管理不仅仅针对社会维稳这个领域，而是把社会管理看成一个"大管理"来对待。中国社科院课题研究成果认为，我国农村改革已进入深水区，不能再简单地"头痛医头，脚痛医脚"，必须整体推进。肃宁县"四个全覆盖"模式，是推进农村社会管理的新样本。杨丽等学者在分析了肃宁模式后认为，推进农村社会管理需要搭建相应的管理网络，要把分散的农民重新组织起来，全面推进党、政府、市场和社会四个维度的改革创新，实现基层党组织、政府组织、市场组织、社会组织与村民对农村的合作管理（杨丽，王名，2012）。

另外，郑杭生等学者还深入分析了当前南海基层社会面临的多元利益分化和群体利益诉求，详细描述了南海区在统筹城乡发展、基层社会管理过程中所进行的"村改居""政经分离"等一系列农村综合体制改革措施，提出了"中国经验"以应对社会利益分化时代的新挑战，倡导"走向一线"的新型社会管理模式（郑杭生等，2012）。

二 研究现状评价

在几年之前，理论界对社会管理创新的关注并不多，研究成果主要集中在过去的 2011 年和 2012 年。总体来讲，数量并不多。我们通过对这两年的研究成果和政策实践进行梳理，发现在过去短短的两年中，这个领域的研究内容越来越广泛，问题越来越深入，体系越来越完整。这主要表现在：（1）开始注重从多维角度研究农村社会管理问题，主体创新、内容创新、手段和方法创新等均受到广泛的关注。（2）研究重点越来越突出，社会组织的不健全是目前的主要问题，扶持社会组织发展、构建社会管理新格局，成为研究的重点。（3）研究的系统性和整体性开始受到重视，社会管理创新是社会管理系统的整体性重构，这就要求把创新的主体、内容、方式方法、动力、制度规范、社会环境等作为一个整体系统来研究。（4）从管理理念上看，国外"新公共管理"理论、治理和善治理论等受到了越来越多的讨论。

然而，无论是学术探讨，还是政策实践，农村社会治理创新仍然还是一个崭新的领域，存在的问题也是明显的。

第一，在政策实践领域，包括一部分学术研究，简单地把问题等同于"维稳"。

之所以出现这种情况，原因在于他们只看到了社会管理（治理）的目的，而没有注意到这是一个过程。社会管理（治理）的最终目的是达到一种良好秩序，实现社会的善治与和谐。在此过程中，必须尊重人民群众的基本权益，依法保护公民的宪法和法律权利，充分考虑多元社会利益，合理配置多元社会资源，有效化解社会纠纷和矛盾，切实维护社会整体利益和社会和谐秩序，全面实现社会公平正义。社会治理目标的实现还需要建立有效的组织形式，否则，这种良好秩序是无法实现的。社会管理

（治理）更多地应该依靠"协调"与"疏导"而非"管制"和"控制"。

第二，需要区别使用"社会管理"和"社会治理"两个概念。

尽管许多学者在使用"社会管理"一词时，提出了管理主体的多元化问题，这样就扩大和改变了"社会管理"的内涵，实质上已经等同于"社会治理"的含义了。这个时候，我们并没有严格区分"社会管理"和"社会治理"两个概念。

党的十八届三中全会后，"社会管理"被"社会治理"所替代，"社会治理"一词开始正式进入党和政府文件，这不仅仅是词眼的转换，它还意味着：在今后的研究中，我们需要严格区分"社会管理"和"社会治理"，需要明确不同治理主体的权利来源，划分不同治理主体之间的责任界，分析主体间权力的依赖和互动，梳理社会治理的网络体系，界定政府的作用范围和方式。

第三，缺乏针对农村社会问题的独立研究。

近两年，有关社会管理和治理方面的研究成果并不少，但是，在现有研究成果中，关于农村方面的研究并没有完全独立出来，大多数零散地分布于社会管理研究方面，并没有考虑农村社会治理的独特性。

第四，只看到作为社会变革的一面，而没有注意到它与经济、政治、社会文化、生态之间的联系。

农村社会治理主要针对农村社会领域，但是，在经济领域却孕育着创新的根本动力，这种创新和变革还需要依靠政治的主导，依靠精神文化的推动，依靠社会组织的具体承载。单独从社会管理的角度分析，显然是狭隘的。我们需要把农村社会治理及其变革放在一个更大的视野中来研究。按照这种思想，农村社会治理创新要借助多方的合力来共同推进，需要首先解决基本的温饱和民生问题，再去解决利益矛盾问题，最后才能谈得上政治和民主问题，需要沿着"民生→秩序→民主"的路径逐层推进。

第五，仅从农村内部来分析问题，没有考虑到城乡统筹发展提出的新要求。

首先，城乡统筹发展，需要协调城乡社会事业发展，为城乡居民提供均等的社会服务，为城乡社会创造均等的发展机会。其次，在城乡统筹发展背景下，急需处理和化解要素流动所带来的新问题和新矛盾。比如，随着新型城镇化进程的加快，亟须解决土地流转的规范性、农民工的就业稳定性和身份认同等问题。最后，城乡统筹发展作为农村社会治理的外部环境，直接影响到农村社会治理的目标和价值取向，同时也影响到农村社会治理创新的路径、方式和方法。这些均是农村社会治理领域的新课题。农村社会治理应当与城镇社会治理同步推进。

第六，只关注新体系的重构问题，忽略了具体的运行机制和保障机制。

在一些研究成果中，设计和描述了农村社会治理的体系，并分析了各子系统之间的关系，研究的整体性和关联性是值得肯定的。然而，我们注意到，对具体机制的运行问题缺乏深入思考。有关机制运行的条件与环境、可行性、实现途径等的研究几乎是空白的。比如，有些学者提出管理评价多元化的问题，但是，评价主体由谁构成？评价方式和权重怎样？这些并没有思考；比如，一方面，需要发挥党和政府的领导作用，另一方面，由于社会组织的不健全，需要培育社会组织的自主性和自我管理能力。那么，各主体之间关系如何协调？目前尚没有进行深入研究；比如，不少学者分析了公民参与的机制问题，但是农民参与的具体途径有哪些？还缺乏研究。再如，不少学者提出构建新型农村社区的思路，那么，农村社区建设是否适合所有农村呢？农村社区建设需要什么样的条件和推动力？这些均是已有研究没有涉及的。

第七，研究方法上的缺陷。

面临新形势和繁杂多样的农村社会问题，已有研究成果着重梳理了所存在的具体问题，探索性地提出了对策建议，这是应当给予肯定的。然而，已有研究涉及的抽象问题多、具体问题少；使用的概念和理论多、具体数据和实证分析少。大多数研究是零散的，缺乏系统性。尽管有些研究成果注重了整体性和系统性，但是，总体来看是一种接近抽象的、结构主义的研究。

少数学者开展了本区域的问卷调研工作，但主要分析了农民的利益诉求问题。然而，站在农民的角度来看，我们不仅要关注他们需要解决哪些问题，更应关注农民眼中的社会治理是什么样子的，他们需要什么样的组织和制度来解决这些问题。

这些需要我们的研究方法从抽象走向具体，从静态走向动态，从规范走向实证，从"文献阅读＋问卷调查"走向"深入访谈＋现场观察"，从对比的角度和城乡统筹发展的角度，研究农村社会治理问题。

第四节　主要研究内容和方法

一　研究内容

本研究拟在河北省选择部分村庄，以"田野式调查"为基础，以农村社会治理创新理论为依据，通过深度访谈、实地观察、查阅村情历史资料等获取一手资料。最终将被调查对象的情形鲜活地展现出来，将调查者在现场的所见、所思、所虑如实地呈现出来，将调研数据与农村社会治理创新理论有机地结合起来。研究围绕这样一个主线进行：获取现场资料→了解现实状况→反馈真实感受→理论的升华→寻找有效途径。

第一，农村社会治理的历史和现状。

这是从历史维度的考察。通过查询文献资料和实地调研，试图回答这样一些问题：实行家庭联产承包责任制后，农村社会治理的主体是如何弱化的？当前形势下，农村社会治理的具体内容有哪些？乡政府、村委会、社区、合作社、村办企业、家族、宗教在农村社会治理中发挥着什么样的作用？当前农村有哪些社会问题和矛盾最为突出？农村社会治理的不健全主要表现在哪些方面？

第二，统筹城乡发展对农村社会治理提出的新挑战。

这是从现实发展角度的考察。我们把农村社会治理放在城乡统筹发展的背景下来考察，分析在居住方式、经济方式、参政方式发生变化的背景下的农村社会治理。重点围绕以下问题展开调查和研究：与城市相比，农村哪些社会事业是急需发展的？随着城镇化进程的加快，农民遇到了哪些最为棘手的社会问题？农村社会治理如何适应这些新变化？全面建成小康社会，农村社会治理面临什么样的挑战？不同地理位置的农村地区，农村社会治理存在什么样的差异？当然，在新的背景下一些原有的老问题也需要解决。

第三，农村社会治理创新的整体性考察："五位一体"的角度。

这是一个整体维度的考察。原有研究把社会治理作为一个整体来看待，重点分析社会治理创新内部要素之间的构成和联系。本研究仍然是结构主义的，不过，我们把农村社会治理放在"经济—社会—政治—文化—生态"的大框架中来研究，通过分析经济基础与上层建筑这个大结构来考察农村社会治理问题。农村社会治理是社会领域的管理问题，它是由经济发展状况所决定的，同时受到制度、政治、文化等要素的影响，考察农村社会治理创新必须考虑这样一个大背景。比如，虽然土地家庭承包经营对农业增长做出了很大贡献，但是通过"承包"方式来安排土地产权，使得土地流转难度加大。因为，在现有管理体制下，村干部和普通农民对土地的支配权利是极不对称的，这已严重阻碍了土地流转和规模经营的实现。再如，在基层民主选举中，如何规范选举秩序？如何将村干部从支配者转变为召集者，强化其服务意识。如何对当选干部进行约束和监督？如何应对乡村权势阶层的崛起？这恐怕需要从农村社会治理与农村经济发展、农村政治民主之间的关系角度来研究农村社会治理创新问题。

第四，农村社会治理的目标与差距。

这是一个规范和实证相结合的对比分析。党的十八大报告明确提出了"党委领导、政府负责、社会协同、公众参与、法治保障"的社会管理体制，并指出公共服务体系要"政府主导、覆盖城乡、可持续"，现代社会组织要"政社分开、权责明确、依法自治"、社会治理机制要"源头治理、动态管理、应急处置相结合"。对照上述原则和目标，农村社会治理差距在哪里？哪些是农村社会治理创新过程的薄弱环节？如何依法治理？如何破解现代社会组织在发展过程中遇到的难题？如何实现"政社分开"？

第五，农村社会治理及其创新：农民的需求与逻辑。

这是一个"从下向上看"的视角。通过调研重点了解农民的感受，并站在农民的角度来思考社会治理问题。在农民眼中，有哪些问题是最重要的，哪些是最难解决的？农民需要什么样的社会治理方式？

我们将农村社会问题进行分类，针对公共服务、公共事务、矛盾纠纷等不同类型的问题进行访谈和调研，以寻找不同类型问题的解决途径。

对于大多数农民来讲，"社会治理"是个陌生词，在调查研究过程中，我们力图将问题具体化。比如，以农村垃圾处理为话题，询问农民的看法，垃圾应该由谁来处理？如何处理？为什么没处理好？

第六，农村社会治理及其创新：主体的培育与发展。

农民的分散性以及集体力量的弱化，使得农村社会治理在很大程度上处于真空状态。造成现阶段农村社会组织的不健全的原因是什么？如何加强？急需培育和壮大农村社会组织，当前，基层政府、村委会、社会组织、农民在社会治理中处于什么位置？他们之间的关系如何，如何分工？

什么样的事情应该交给社会来做？如何培育和壮大现代社会组织？农村社会组织的发展面临着怎样的困境？我们只有通过调研，才能给出切合实际的答案。

第七，农村社会治理及其创新：机制的构建与运行。

包括创新理念的转变、治理机制的建立和运转，公共服务供给方式的创新等。另外，农村社会治理创新的推进需要一个良好的外部环境，更需要相应的政策保障、组织保障、财力保障和人员保障。

二　研究方法

（1）访谈法

可以采取座谈会的形式，也可以采取单独聊天的形式进行。在经过当事人同意后，访问可以进行录音，以方便及时整理。（附《村庄问卷》和《访谈提纲》）

（2）问卷法

在每个村庄采取随机形式发放问卷（每村约 20 份），共 1800 份，主要采用结构式问卷，以方便后期阶段对数据进行整理和分析。（附《调查问卷》）

对访谈员和调研员要进行精心选择和培训，主要让他们领会研究设计的主要意图，掌握访谈的基本技巧和方法，注意问卷发放、填写和收回的基本要求。

（3）文献法

对于乡（镇）和村庄相关信息的获取，可以通过查询乡镇政务网、村务网，或到（乡）镇政府相关部门索取或复印资料获得。

（4）实地观察法

通过实地走访采集信息，不仅仅是听人家怎么说，更重要的是依靠双眼和相机把农村社会治理的实际情况记录下来。比如农村"一事一议""村务公开"进行得怎么样，村委会办公室、公告栏、村容村貌等就成为重要的观察点。

对于省外农村社会治理好的经验与做法，亲自赴实地考察，了解详细情况，重点了解当地农村社会治理的组织构架与运行机制。

（5）对比分析法

主要对不同类型地区的农村社会治理状况进行比较，以挖掘影响农村社会治理创新的关键性因素。在进行城乡之间社会治理差距的比较时，也可以采用这种方法来进行。本报告在对数据进行分组后，主要采用非参数检验的方法，分析各组数据之间的显著性差异水平。

（6）典型个案分析法

对于调研中发现的典型的、具有代表性的事例，要深入剖析，利用"解剖麻雀法"系统分析这一个案。

（7）IPA交叉分析法

我们对通常用于商业销售领域顾客对商品重要性和绩效表现的"重要性—绩效表现"（简称IPA）分析法进行改造，将农民看作顾客，将农村社会治理过程中所需要解决的具体问题和公共服务对象看作商品，利用这种交叉分析法，从农民满意度和城乡差距的二维角度把具体的社会问题划分到不同的区域，并有针对性地提出加强和必须改进此项工作的相关建议。通过农民对社会状况重要性和满意度的交叉分析，从而对不同农村社会问题进行分类。

（8）其他分析方法

抽象和具体相结合：在分析具体问题时，要把局部的问题放在一个更大的整体里加以研究。从个案中得出的结论，必须放到更大的范围内去进行比较分析，才能得出更一般性的结论，然后谨慎地得出结论。对于所调查的问题，要重点了解社会事实和社会心态，理解他们为什么会有这样的想法，为什么会选择这样的行为。

历史和现实相结合：对于所了解到的具体问题，不仅要了解现在是什么样子，还重点思考和追问原来是什么样子，为什么会变成这样，将历史和现实有机融合起来。

规范分析和实证分析相结合：不论是在调研过程中，还是撰写报告过程中，不是想简单地描述是什么样子，更应思考应该是什么样子，将实证分析和规范分析有机结合起来。

第五节　重点、难点和创新点

一　重点和难点

在获取调研数据阶段，本报告的工作重点和难点是：

（1）调研的"入场"问题。如何打消受访者的警戒和顾虑，如何与他们打成一片，如何获取他们的信任、了解其真实想法？如何把自己的理解和感受融进去？这是调研阶段需要解决的重点问题。

（2）调研对象以及时间的选择问题。如果是通过熟人介绍的方式，如何保持调查者"局外人"的中立身份？如果是进村后随机选取受访对象，如何甄别其身份，如何保证找到不同类型的受访问者？这是工作的重点。

（3）调研员和访谈员的选择和培训问题。由于所要调查的村庄比较多，需要较多的调研员和访谈员，调研员需要领会研究设计的主要意图，掌握问卷和访谈的技巧和方法，需要对调研员进行培训和业务指导。

在数据分析和报告撰写阶段，重点和难点工作是：

（1）从历史发展的维度、统筹城乡发展的维度、五位一体的维度，分别考察农村社会治理问题，这需要一些具体理论的支撑，如何从社会学理论、新公共服务理论、科学发展观等理论中找到具体的理论支撑，并将其贯穿整个分析过程，这是研究过程中需要解决的重点问题。

（2）访谈数据的提取和使用问题。由于访谈一般具有开放性，一些调研结果是无法预期的，如何将零散的调研数据（访谈记录等）融入研究的逻辑主线？如何使调研数据与其整体构架分析有效结合？如何保持研究成果的整体维度和系统性？这是撰写研究报告阶段的难点。

（3）定性和定量分析工具的选择问题。对于调研过程所发现的问题进行深入分析。农村社会治理面临的问题是复杂多样的，需要采取一定方法提取出关键要素并进行重点分析。这是本研究所面临的又一个难点。

二　创新点

本研究试图在以下几个方面有所创新：

第一，通过问卷法和访谈法，深入河北省100个村庄，获取千名以上农民的调查数据，结合河北省农村的实际情况开展实地调研，研究具有鲜明的田野气息和地方特色的农村。

第二，将农村社会治理放在统筹城乡发展的背景下来进行考察，重点分析农民关于当前亟须解决的一些主要社会问题（如养老服务、教育服务、纠纷调解等）的认知和态度，并按照城乡差距大小进行排序，以寻找城乡统筹治理的突破口。

第三，将传统上用于市场分析的IPA方法，引入到农村社会治理分析，从城乡差距和农民满意度的角度进行了交叉分析，将农村社会治理的问题分为四个领域（优先顺序较低领域、相对较好领域、城乡同时推进领域以及重点推进领域），寻找农村社会治理的重点领域。

第四，利用调查数据，站在农民的视角，刻画他们解决不同类型社会问题（大致可分为公共服务、公共事务、公共秩序等三类）的典型思路和逻辑。

第五，从五位一体的角度考察经济、政治、社会、文化、生态等要素对农村社会治理影响机理，并利用调研数据对各个要素之间的独立性进行了卡方检验。

第六，构建全方位推进农村社会治理的具体思路。

第七，考察能人带动效应对农村社会治理的影响。

第二章　相关概念和理论基础

第一节　相关概念的界定

一　社会管理与社会治理

（1）社会管理

所谓社会管理，是指政府和社会组织为促进社会系统协调运转，对社会系统的组成部分、社会生活的不同领域以及社会发展的各个环节进行组织、协调、指导、规范、监督和纠正的过程（李莉，2011）。

广义上的社会管理，是指由社会成员组成专门机构对社会的经济、政治和文化事务进行的统筹管理；狭义上的社会管理，仅指在特定条件下，由权力部门授权对不能划归已有经济、政治和文化部门管理的公共事务进行的专门管理（焦成举，2012）。

（2）社会治理

所谓社会治理，就是政府、社会组织、企事业单位、社区以及个人等诸行为者，通过平等的合作型伙伴关系，依法对社会事务、社会组织和社会生活进行规范和管理，最终实现公共利益最大化的过程（陈家刚，2012）。

社会治理的核心问题是处理好政府与社会的关系，正像经济改革的核心问题是如何处理好政府与市场的关系一样，社会治理实际上是要处理好政府、市场和社会之间的关系。搞好社会治理工作，最为核心的问题就是要弄清楚，哪些事务需要政府、市场和社会来分担，哪些需要它们共同承担。社会治理需要更好地调动社会各方面的力量，能由社会完成的，一定要交由社会来做。①

"社会治理"不可能无所不包，它的核心使命是聚焦于激发社会组织活力，预防和化解社会矛盾，健全公共安全体系等（李培林，2014）。需要调动各方面的参与力量，更好发挥社会力量。需要采用包括法治手段在内的多种手段来化解社会矛盾，它建立在一套规则运转基础之上，依靠的是合作和协调，而非管制和控制，其目标是为了实现公共利益，最终达到社会的"善治"。

（3）两者之间的区别

第一，主体不同。尽管社会管理包括以政府为主体的管理行为和以公民社会组织为主体的管理行为，但是，它仍然侧重于政府对社会的管理；社会治理的主体是多元的，任何单一主体都不可能垄断整个治理过程。

第二，关系不同。社会管理一般表现为政府凌驾于社会之上，政府包揽一切公共事务。而社会治理的多元主体之间表现为平等关系和合作关系。

第三，方向不同。社会管理更多的是"自上而下"的控制，而社会治理更多地建立在民主的基础之上，是社会"自下而上"的自治与政府"自上而下"管理的有机结合，通过参与者之间的协商和对话，最终形成符合整体利益的行动和策略。

第四，手段不同。社会管理更多依靠政府的权力，多采用命令和控制的方式。社会治理则主要运用权力之外的手段，包括经济的、法律的、文化的、习俗的多种管理方法和技术。

二　基层社会治理与农村社会治理

笔者认为，基层社会治理是指在乡镇、村、社区的管理层级中，不同的行为主体（如政党、政府、社会组织、个人等）围绕本地区的共同利益，通过协商合作等方式实现公共利益最大化的过程。实际上基层社会治理是治理主体以相对平等的身份，就基层社会公共事务进行合作共治的一种模式，是对参与型治理和理想型自治两种模式的扬弃（史云贵，屠火明，2010）。

---

① "新改革时期中国社会学的传承与创新学术研讨会"（天津），中国社会科学院副院长李培林的讲话，2014年3月15—16日。

乡镇治理、村级治理与社区治理是当前我国基层治理的三个重要组成部分。基层社会治理是一种全新治理方式的探索和转型。社会治理的重心在基层。从本质上看，基层治理的核心就是基层民主。对于基层治理，有三种不同的理解：其一，基层治理一般会伴随某种政策的推进，基层治理可以认为是推进某项政策的手段和方法。其二，基层治理是与民主形式提升密切相连的，它是推进民主的切入点。基层治理需要基层民主，同时基层民主也需要基层治理的全面推进。其三，基层治理是现代国家建构的重要手段，在国家政权建设过程中，国家会采用多种手段和方式，动用一切可利用的资源，达到现代基层社会控制或治理的目标（陈家刚，2015）。

本研究所讨论的农村社会治理也常常被称为乡村社会治理，它主要围绕村级治理展开，当然也会涉及少量的乡镇治理方面的内容。农村社会治理是村民委员会、农村社会组织、农民个人等行为主体，围绕农村社会面临的矛盾和公共问题，通过民主协商等多种形式，共同参与，依法对公共事务和公共生活进行规范和管理，最终实现农村社会秩序的良性运转的过程。它是国家治理体系的重要组成部分，同时也是国家治理现代化的重要方面。

三　农村公共产品（或服务）

农村公共产品（或服务）是指在农业、农村和农民生产生活中共同需要的，在本区域范畴内具有一定非排他性、非竞争性的社会产品或服务。这些产品或服务会使得受益范围往往又不局限于农村地区。

农村公共产品包括：第一，农村公共设施。包括农村道路、农田水利设施、生产资源和农产品交易市场等。第二，农村教育服务。主要指农村范围内的中小学九年义务教育，同时也包括农村扫盲工作等。第三，社会保障。主要包括农村最低生活保障、养老保险、农村社会抚恤和救济、灾害救济等。第四，农村卫生服务。主要包括农村医疗保险、计划生育、疾病预防与控制，基本医疗服务网络的建设等。第五，农村科技服务。包括农业技术推广、科技知识普及等。第六，农村社会秩序和法律的维护。包括农村社会治安、纠纷调解、权益维护等。农村公共产品一般具有分散性、多样性、层次性和依赖性等几个特征。

第二节　相关理论基础

一　社会学相关理论

社会学理论是社会学家观察和分析社会事务的思想结晶。从孔德的实证主义到吉登斯的结构化理论，从严复的《群学肄言》到孙立平的《断裂》三部曲，社会学理论为我们留下了各式各样思想。社会学一般包括六个基本理论，分别是功能论、冲突论、过程论、符号互动论、批判论和结构化理论（魏永峰，2009）。

笔者认为，对分析农村社会治理较有帮助的社会学理论主要有三个方面：

第一，个体与社会的关系。

这是社会学学科的基本问题。而"社会为何？"也是社会学自成立以来就在不停探讨的重要话题。总体来讲，社会学对于社会的认识可以分为社会唯实论（social realism）（又称社会实在论）和社会唯名论两种截然不同的观点与主张。

社会唯实论的代表性人物如孔德、斯宾塞及涂尔干等，这些学者们主张社会由独立的个体组成，但又高于个体，其本身作为一种独立的存在，具有部分所不具备的性质与特征，这种超越个体总和的性质即社会的不可还原性。概言之，社会外在于个体，并对个体具有强制性。由此，对于社会的研究便被界定在社会的层次上，将社会作为一个统一的由各个部分所组成的统一整体。这种思路在涂尔干的"机械团结"与"有机团结"，以及结构功能学派的理论主张中有着很大程度的体现与表达（涂尔干，2013）。

社会唯名论对于社会究竟是何种存在及其与个体关系的这一基本问题，作出了不一样的解释。其中又以韦伯为代表，他从根本上否定了社会的客观实在性，主张社会仅是一种名义性的存在，并不具有客观实在的意义，真正的实体是构成社会的个体。从这个理论来看，对社会的研究就意味着对个体行为的观察与解释（马克斯·韦伯，2014）。

笔者认为，我们需要利用辩证统一的观点看待社会唯实论和唯名论。一方面，解决农村社会治理问题，需要同时吸收社会唯实论和社会唯名的合理观点。从唯实论的角度来看，农村社会不是简单的农民个体的加总，它有着内在的逻辑联系和架构，分析农村社会治理问题，必须系统地看待社会有机整体，需要寻找并遵循农村社会治理的普遍规律，否则，研究会陷入纷繁复杂的矛盾乱象当中。另一方面，农村社会是由个体农民构成的，研究农村社会治理问题，不仅需要研究农村社会的整体变化规律，更应研究农民个体的行为，把农民作为一个独立主体来看待，考察他们的诉求和在农村社会治理过程中发挥的作用。

第二，结构功能主义与社会冲突主义。

结构功能主义是现代西方社会学的一个主要流派。该理论的主要观点是，社会是一个系统，它具有一定结构或组织化手段，社会的各组成部分是相互关联的，并且以有序的方式进行。结构功能主义强调社会的稳定和整合，认为社会以整体的形式发挥功能，整体是以平衡的状态存在的，任何部分的变化都会使社会整体趋于新的平衡（范伟达，朱红生，1989）。

该理论受到了社会冲突论者的强烈反击，社会冲突主义以科塞、达伦多夫等人为代表，该理论重点分析和解释社会冲突的起因、具体形式以及影响制约因素，更加强调社会冲突在社会巩固和发展过程中所发挥的积极作用，它代表着社会学的激进派（科塞，1989）。

我们同样需要辩证地看待结构功能主义和社会冲突主义。一方面，从结构功能主义的角度出发，农村社会不是简单的几个要素的加总，它是一个有机体，并拥有着自身的稳定和平衡系统。加强农村社会治理工作，需要充分发挥农村社会的整体功能，协调各种利益关系，构建和谐农村社会，促进农村社会的稳定发展，维护农村社会的良性运转。另一方面，从社会冲突主义出发，我们应该充分地认识到，农村社会矛盾和冲突是客观存在的，并且已经进入高发期、频发期和多发期，未来农村社会冲突可能是农村社会治理所面临的常态问题。我们需要认真探究不同社会冲突的发生机理、分析它们的表现形式、探究背后的深层次原因，寻求规避和化解社会冲突的有效方法和途径。

第三，社会转型理论。

社会转型的含义比较广泛，它可以指体制的转型，比如从计划体制向市场经济体制的转变，指的就是这种。但是，在更多情况下，社会转型也可以指社会结构的变动，它不是某个社会单项指标的发展变化，而是社会整体结构状态的变化，它包括观念转变、利益调整、结构转换、机制转轨等，在社会转型时期，人们的价值观、行为方式和生活方式都会发生明显变化（王林生，2007）。

社会转型是社会发展变化的体现与标志，它也表现在社会形态的变化上。社会转型是人类社会从传统型向现代型的转变，是人类社会逐步从乡村的、农业的、封闭半封闭的传统社会向城镇的、工业的、开放的现代社会的转变。

社会转型是一个复杂的社会历史变迁过程。在社会转型期，往往会造成大量的社会问题，并且，传统政治权威大量流失（司甜，2014），管理方式面临各方面的冲击。在这样的背景下，创新社会治理模式成为社会发展的必然要求。政府必须破除原来旧的管理模式，实现由"社会控制型"向"社会导向型"的转变，实现由"无限政府"向"有限政府"的转变，社会治理理论就是在这样一种背景下日益发展起来的。

根据社会转型理论，我们看到，社会转型已经构成了当前农村社会治理的一个大背景，与此同时，农村社会治理本身必须适应社会转型的趋势，并可能成为推动农村社会转型的重要力量。分析我国农村社会治理问题，必须考虑上述背景，必须考虑农民生产生活方式的转变，必须考虑农民的思想变化和行为方式的改变，必须结合日益加速的农业现代化、城镇化、工业化和信息化步伐来考虑问题。更为重要的是，农村社会治理作为现代国家治理体系的重要构成，它对推动基层政府服务功能转变，实现国家治理能力现代化具有重要意义。

二　新公共管理（服务）理论

新公共管理是20世纪80年代以来流行于英、美西方国家的一种全新的公共行政理论和管理模式。它以现代经济学为理论基础，主张在政府等公共部门广泛采用私营部门成功的管理方法和竞争机制，重视公共服务的产出。

该理论从现代经济学的"理性人"假定出发，提出了绩效管理的依据；受到公共选择理论、交易成本理论的启发，提出政府应以市场或顾客为导向，不断提高服务效率和质量；该理论还吸收了"成本—效益分析法"的有益特点，提出了对政府绩效目标进行界定、测量和评估的依据和方法；该理论还从私营管理方法中汲取了营养，认为那些已经或者正在被私营部门所成功采用的管理方法，都可以运用到政府和公共部门的管理中来（Christopher Hood，1991）。

区别于传统公共行政，新的公共管理理论所倡导的模式，要求改革政府，打破原有单向的等级行政关系，建立一套互动交流的管理模式。新公共管理模式从原来的注重管理"效率"，开始向重视质量和满意度转变，这是其明显特征。

新公共服务理论是在对上述理论进行反思的基础上提出来的，该理论重点批判了企业家政府理论的缺陷，提出了一种新的公共管理理论。

新公共服务理论认为：（1）公共管理者的服务对象是公民而不是顾客，政府与公民之间的关系，并不同于企业与顾客之间的关系。（2）应当承担起为公民服务和向公民放权的职责。（3）公共管理者的角色是服务者而非掌舵者，不要去控制和驾驭社会。（4）应帮助公民表达和实现他们的共同利益，公共利益是管理最重要的目标，而非其他。（5）通过集体的努力和协作，建立符合公共需要的计划或政策，才能够得到最有效的贯彻和执行。（6）公共管理者的责任不是单一的，他们不仅应关注市场，还应关注法律、社会价值、政治行为准则、职业标准、公民利益等，这些责任是现实而且复杂性的。（7）要重视人而非生产率，强调通过人来进行管理的重要性（登哈特，2014）。

根据新公共服务理论，在农村社会治理过程中，作为治理主体的基层党组织和政府，必须首先完成转型。具体来讲，就是要把构建现代服务型执政党、服务型政府，作为农村社会治理的先决条件和重要方面，努力完成由"管理型"政府向"服务型"政府的转变。

在"管理型"的社会治理结构中，更多强调行政的力量和法的作用，强调立法对权力的制约作用。从某种意义上讲，市场经济就是法治经济，现代社会就是法治社会，法治贯穿于人们生活的方方面面。在"服务型"社会治理结构中，更多强调服务社会的宗旨。在这里，管理只是手段，服务才是目的。一般通过相关活动，整合法律、权力和道德等多方面的力量，形成权治、法治、德治相统一的治理体系。

这也就意味着，我们在研究农村社会治理问题时，必须从党的先进性建设、服务型政府建设、和谐社会建设等多角度入手，将农村社会治理与现代国家政府构建有机结合起来（史云贵，2010）。政府不再是国家唯一的权力中心，解决社会问题需要强调国家和社会组织之间的相互依赖，政府除了采用原来的手段之外，还可采用新的方法和技术，提高管理和服务效率。政府不再依靠权威、命令或制裁等传统手段，最终寻求一种通过调动各种社会力量和资源以达到"善治"的治理体制。

三　科学发展观

中共十八大报告中指出,[①] 科学发展观是中国特色社会主义理论体系的最新成果,是中国共产党集体智慧的结晶,是指导党和国家全部工作的强大思想武器。它是马克思主义的唯物辩证法的科学方法论,是马克思主义的发展观,是中国特色社会主义理论体系的重要组成部分。它与马克思列宁主义、毛泽东思想、邓小平理论、"三个代表"重要思想一起,共同构成了中国共产党的指导思想。

科学发展观的核心是以人为本,要求把实现好维护好发展好最广大人民根本利益,作为一切工作的出发点和落脚点,这体现了中国共产党全心全意为人民服务的宗旨。科学发展观的终极指向是:促进生产力和各项社会事业的发展,使之服务于人民群众的根本利益,使人民群众共享发展成果,从而增进社会和谐,更好地建设和谐社会小康社会。[②]

科学发展观坚持全面、协调、可持续性的基本要求,将统筹兼顾作为其根本方法。笔者认为,从这一理论出发,分析农村社会治理问题,至少应注意以下几个方面:

第一,农村社会治理的目标,不应是所谓的政绩或者其他方面,而应立足于解决农民所面临的现实矛盾和问题,不断提高广大农民的生活水平,满足其不断增长的物质文化需要。

第二,农村社会治理不能仅考虑一个方面的因素,而应当全面考虑经济社会发展各种因素,协调各方面的关系。破解农村社会治理难题,需要综合考虑城乡壁垒、农村教育、养老服务、纠纷处理、环境保护等诸多问题和因素,唯有坚持以科学发展观为指导,才能更好地促进农村社会经济发展。

第三,需要把农村社会治理放在城乡统筹发展的大环境下来考察。破解城乡二元社会难题,以工补农,以城带乡,不断缩小城乡差距,实现城乡公共服务均等化,这是解决当前农村问题的根本出路,也是农村社会治理的重要背景和问题。

---

① 新华网十八大专栏 http://www.xinhuanet.com/18cpcnc/xzt20121108.htm。
② 《深入学习科学发展观读本(十八大版)》,中共中央党校出版社2013年版。

第四，农村社会治理必须考虑人与自然的关系，实现农村的绿色可持续发展。在发展农村经济的同时，要充分考虑资源环境和生态的承受力，减少生产和生活中的废弃物质和有害物质的排放。

四 "五位一体"总体布局

在科学发展观与和谐社会的理念提出后，改善民生日益成为社会建设的重点问题。党的十八大以后，我国中国特色社会主义事业的总体布局开始由经济建设、政治建设、文化建设、社会建设的"四位一体"，拓展为包括生态文明建设的"五位一体"总体布局。

这大大丰富了"现代化"的理论体系，中国的社会主义现代化建设，开始从局部现代化迈向全面现代化，开始从不协调的现代化走向全面协调的现代化。

根据"五位一体"的总布局，经济建设、政治建设、文化建设、社会建设、生态文明建设是一个综合的有机整体。其中，经济建设是根本，政治建设是保证，文化建设是灵魂，社会建设是条件，生态文明建设是基础。① 这五个方面的建设必须全面推进、协调发展。

农村社会治理的重点在于社会建设领域，应不断加大保障和改善民生的力度，多谋民生之利，多解民生之忧，加快农村基本公共服务体系建设，有效化解矛盾和纠纷，推动和谐乡村建设。然而，农村社会治理不仅仅局限于社会建设领域，由于五个因素之间是相互联系和制约的关系，所以应将农村社会治理放在"五位一体"的大格局中来考虑。

推进农村社会治理工作，必须同时考虑农业增产、农村发展和农民增收问题；必须夯实农业基础，发展特色高效农业，壮大集体经济，推动农业合作组织发展，实现富民强村，夯实农村社会治理的物质基础。

推进农村社会治理工作，必须坚持中国特色社会主义民主，坚持党的领导、人民当家作主、依法治国的有机统一；必须把决策权还给群众：村里的事情要由村民自己说了算。

推进农村社会治理工作，必须加强社会主义核心价值体系建设，不断丰富人民的精神文化生活，增强农村凝聚力；强化农民的自我教育，倡导

① 新华社评论：《坚持五位一体 把握总体布局——学习贯彻党的十八大精神之四》，http://news.xinhuanet.com/politics/2012－11/19/c_113728056.htm。

文明风尚，让农民拥有美好的梦想，并努力为之奋斗。

推进农村社会治理工作，必须直视农村社会的矛盾与纠纷；必须加快农村社会事业发展，缩小城乡差距；必须借助社会的力量解决社会的问题。

推进农村社会治理工作，必须推进农业生产的无公害化；必须加大对生态环境的保护力度，努力实现绿色发展；必须美化环境、绿化家园，让农村拥有更美丽的天地空间。

以上五个方面的工作，缺一不可，任何一个方面存在不足，都有可能影响农村社会治理的整体进程和最终效果。

小　　结

社会治理不同于社会管理，社会治理的主体是多元的而非单一的，任何单一主体都不可能垄断整个治理过程。社会治理的多元主体之间更多表现为平等合作关系，建立在民主基础之上，是"自下而上"自治与"自上而下"管理之间的有机结合，通过参与者之间的协商和对话，形成符合整体利益的行动和策略。社会治理主要运用权力之外的手段，包括经济的、法律的、文化的、习俗的多种管理方法和技术。

从唯名论角度来看，农村社会并非简单的农民个体的加总，分析农村社会治理问题，必须从农村社会内在的逻辑联系和架构出发，系统地看待社会有机整体，寻找并遵循农村社会治理的普遍规律。从唯实论角度来看，农村社会是由个体构成的，研究农村社会治理问题，需要分析农民个体的行为，把个体作为独立单元来分析。

从结构功能主义的角度来看，农村社会不是简单的独立要素的加总，加强农村社会治理工作，需要充分发挥农村社会的整体功能，协调各种利益关系，维护农村社会的良性运转。从社会冲突主义角度来看，农村社会矛盾和冲突是客观存在的，并且已经进入高发期、频发期和多发期，我们需要探究不同矛盾冲突的发生机理、分析其背后的深层次原因，探寻有效解决途径。

农村社会治理必须适应社会转型的大趋势，考虑农民生产生活方式的转变、思想的变化以及行为方式的改变，必须结合当前日益加速的农业现代化、城镇化、工业化和信息化步伐来考虑问题。

根据新公共服务理论，在农村社会治理过程中，作为治理主体的基层党组织和政府必须首先完成转型，从"管理型"政府向"服务型"政府转变。管理只是手段，服务才是目的。进一步突出服务社会的宗旨，通过相关活动整合法律、权力和道德等多方面的力量，形成权治、法治、德治相统一的有机治理体系。

从科学发展观的角度来看，农村社会治理的目标，不是所谓的政绩或者其他方面，而是解决农民所面临的现实矛盾和问题。分析农村社会治理问题，需要全面考虑经济社会发展过程中的各种因素，协调各方关系，把农村社会治理放在城乡统筹发展的大环境下来考察。要进一步缩小城乡差距，实现城乡公共服务均等化。考虑人与自然的和谐关系，实现农村的绿色可持续发展。

根据"五位一体"的布局要求，农村社会治理的重点在于社会建设领域，应多谋民生之利，多解民生之忧，加快农村基本公共服务体系建设，有效化解矛盾和纠纷。要把农村社会治理放在"五位一体"的大格局中来考虑：考虑农业增产、农村发展和农民增收问题，夯实农村社会治理的物质基础；坚持中国特色社会主义民主，坚持党的领导、人民当家做主、依法治国的有机统一；加强社会主义核心价值体系建设，不断丰富人民的精神文化生活，增强农村凝聚力；推进农业生产的无公害化、加大对生态环境的保护力度。

第三章　我国农村社会治理的历史和现状

从我国农村社会治理的既有经验来看，新中国政权在农村的管理实践大致走过了一个从规划者向协调者的转型过程。粗略地讲，新中国成立以来（也可以从解放区的土地改革时期算起）至人民公社体制正式退出历史舞台，国家政权在我国农村社会更多的发挥着一个"规划者"的角色，更多地反映出国家政权依其统治意志与需要来主动规划与调整农村社会的生产与社会关系。而改革开放以来，国家针对农村的一系列制度设计，包括最初的家庭联产承包责任制，以及近期以取消农业税为核心的一系列的支农惠农举措，在客观上实现了对农村社会原有生产与社会生态某种程度上的回归与尊重，更多地体现了现代国家政权作为农村"协调者"的角色特征。

第一节　我国农村社会治理的发展历程

关于我国农村社会治理的历程划分，比较有影响的观点是，将我国农村社会治理方式的变迁过程总结为四个阶段。第一个历史发展阶段是近代之前的传统治理方式。这一农村社会治理方式的特点在于国家政权与社会权威的共同作用，并在相当长的历史时期内保证了农村社会的安定。第二个历史发展阶段是近代以来，这一时期农村社会治理方式的最主要特征是"破旧但未立新"，也即是说，传统的社会治理方式被破坏，但新的社会治理方式却一直没有获得成功。而关于农村社会治理中国家政权与社会权威二者的相互关系，杜赞奇在研究了大量华北农村近代以来农村社会治理的史实基础上指出，近代以来现代国家的发展伴随着国家权力对农村社会控制的极大加强。这种对国家对基层社会控制增强的趋势始于晚清的"清末新政"，经新中国成立后的人民公社体制这种"全能主义"治理模式，至 20 世纪 50 年代的合作化运动而达至顶峰（杜赞奇，2008）。与上述观点一致，有些学者将新中国成立后"政党运动与政权建设相结合的人民公社体制"的这一时期，作为我国农村社会治理方式变迁的第三个历史发展阶段，并认为这一时期的社会治理方式的成效在一段时期内也是相对显著的（于兴卫，2002）。而从第四个历史发展阶段也即改革开放以来，乡镇政权与村民自治的制度设计并未取得明显成效。面对我国农村日益尖锐的社会矛盾与日益复杂的社会环境，探索出一条能够更真实、有效且通畅地反映村民切身利益与真实意志的社会治理模式，切实推进"党委领导、政府负责、社会协同、公众参与"的社会治理新局面，仍然是农村社会发展过程中所面临的最急需解决的问题。

一　新中国成立前的农村社会治理

在长期的封建社会，直至 1949 年新中国成立前的半殖民地半封建社会，"皇权"与"绅权"在制度与非制度两个层面并行，这是我国传统农村社会治理的重要特征。从皇权的发展来看，君主的权威经历了一个由象征到实质的转变过程。夏商周时期的分封制使得"王"在管辖权上具象征性。至秦始皇统一六国，"立百官之制"，君主在实际掌握了包括军事大权、管理任免权以及军民生杀大权等在内的最高决策权，并在文化上通过思想家们日益成熟的"尊君论"思想以及民间文人儒士的传播，封建君主的权威得以在普通乡民中落实。然而，受限于种种客观条件，我国历史上国家政权在农村社会的扩张经历了一个相当长的历史时期。具体来讲，在传统社会，落后的交通与通信技术加上幅员辽阔的统治疆域，在客观上极大地限制了国家权力深入到地处边远的农村，过高的统治成本使得集权国家的统治触角往往并不直接抵达最为底层的农村社会。"皇权统治国家，士绅构建社会"是历代封建王朝的国家统治模式，皇权与绅权的并存便是在这种历史条件下延续的。

宗族最初是作为社会的基本组织存在，经历了秦汉到魏晋南北朝时期，门第宗族倚靠其成员的政治权力而成为社会的主导力量，直至隋唐伴随着"科举制"的推行，才逐步脱离了其政治色彩，而成为纯粹的血缘组织。"士绅社会""宗族自治"是研究者们对我国农村社会与传统国家之间的分离状态，即传统农村的自治模式，进行概括和理解的重要概念。乡村士绅作为地方力量始终是与国家行政力量相对应的，同时也是不容忽视的一股农村社会的治理力量。"士绅由于在文化上的优势地位，以及他们曾经与国家正式官僚体制有着千丝万缕的联系，因而能够在农村树立足够的权威，作为农村利益的代理人，出面与国家正式官僚体系进行有效的沟通，同时也对农村的公益事业负责。"（费孝通，1999）而国家在对农村社会的治理过程中，就不得不考虑到这股特殊的力量，并通过积极地笼络将其纳入国家管理体制之中来，成为国家在农村中的权力代理人，从而实现对基层社会的有效控制，"士绅社会"随之而形成。随着士绅势力的壮大，他们开始试图控制和支配宗族、乡族，最终实现了士绅与宗族的融合，形成了对农村社会进行管理和支配的强大地方精英群体。

有些学者对费孝通提到的新中国成立前中国基层行政特点的归纳，这或许有助于我们获得一个更为全景式的认识，具体包括以下四个方面：（1）中国传统的"双轨"政治结构，即中央集权与地方自治双轨并行。（2）中央做事有极限，地方公益不受中央干涉，由自治团体管理。（3）政令的传达在表面上看，是纳入自上而下的政治轨道中被基层执行，但实际的运行则是通过"绅士"这一地方势力通过一切社会关系"自下而上"地将压力通到皇帝本人。（4）自治团体的形成源于当地人民的具体需要，享受地方人民所授予的权力，不受中央干涉（李培林，2009）。

从社会治理的总体成效来看，我们不得不给予传统的"县政绅治"治理方式以充分的肯定。在这种双轨政治体制下，士绅阶层作为国家权力深入基层社会并试图贯穿其意志的"缓冲地带"，一方面借助于乡村士绅的有力支持，国家政权在极大程度上缩减了贯彻自身意志的统治成本；另一方面，地方士绅作为地方保护者的身份又使得农村社会在一定程度上获得了与国家政权讨价还价的余地，有效地避免了国家对基层社会的过分掠夺。从而在整体上保证了农村社会的整体稳定与平稳发展。值得一提的是，后来的学者又进一步探讨了地方社会治理主体由士绅群体到地方精英扩展过程，其中对其理论观点背后的"国家—社会"理论研究框架的深刻反思，以及"士绅"这一概念自身的不确定性是推动这一扩展的重要原因。

我国士绅社会最终走向终结，主要的历史原因在于：上层士绅对下层士绅利益的维护与促进，以及对其"过分行为"的制约，一直是中央控制与地方自治二者之间保持平衡的重要机制。然而，这种平衡却由于晚清政府在面临内忧外患的历史关头，被迫允许上层士绅与下层士绅之间合作并组建军队，这一"同盟"导致了现代军阀的形成以及绅士的政治理念西方化，长期以来中央与地方、中心与边缘的平衡被打破，士绅社会开始走向终结（狄金华、钟涨宝，2014）。

在新中国成立前的农村社会治理过程中，晏阳初、陶行知、梁漱溟等仁人志士提出了教育救国的思想，并把此作为农村社会治理的重要切入口。

晏阳初先生是我国平民教育家和乡村建设家，他一生为乡村改造而奋斗。他结合当时中国国情，认为中国民众最大的问题是存在"四大病"：贫、愚、弱、私，他主张开展平民教育运动，通过举办平民学校，教农民识字，然后实施生计、文艺、卫生以及公民"四大教育"，以造就"新民"。针对农民身上所存在的"四大病"，他主张在农村实行文艺教育、生计教育、卫生教育和公民教育，以文艺教育提升知识，解决"愚"的问题，以生计教育提高生产，解决"穷"的问题；以卫生教育培养健康，解决"弱"的问题；以公民教育树立团结，解决"私"的问题，在农村推行的实际上是一种"整体建设"。他提倡"洋博士与农夫为伍"，认为知识分子要"化农民"，首先必须"农民化"。他在河北省定县（今定州市）开始乡村平民教育实验，土洋结合搞乡村建设。"定县模式"迅速在国内外大规模推广，并对中国乃至世界乡村运动产生了深远影响（薛伟强，2007）。这种面向国情和社情、"博士下乡""与农民打成一片"和"整体改造"的思路，对于解决今天的农村社会治理问题仍然存在借鉴意义和启示作用。

陶行知先生是当时著名的教育家和思想家，他提出了"生活即教育""社会即学校""教学做合一"三大主张。他认为教育和生活是同一过程，教育含于生活之中，教育必须和生活结合才能发挥作用，"过什么生活便是受什么教育""生活包含万状，凡人生一切所需皆属之""生活教育与生俱来，与生同去。出世便是破蒙；进棺材才算毕业"。他反对教育脱离生活、脱离人民大众，主张打通学校和社会之间的联系，创办人民所需要的学校，培养社会所需要的人才。"教学做是一件事，不是三件事。我们要在做上教，在做上学"，对事来说是做，对自己的长进来说就是学，对他人产生影响就是教。陶行知的思想对于今天的农村社会治理同样存在很大的启发意义，从这个角度来看，农村社会治理存在于农民生活之中，它本身就是一个教育的过程，是一个不断向社会这所学校学习和不断实践的过程。

梁漱溟先生是当时著名的爱国民主人士，是著名的思想家、哲学家、教育家和社会活动家。他曾经憧憬西方的政治制度，赞成实行"君主立宪"，辛亥革命后参加过同盟会，积极宣传社会主义，倡导废除私有财产制度。后来他开始从中国传统文化中寻求救国之路。梁漱溟认为当时中国社会处于"伦理本位，职业分途"的特殊形态，改变这种状态需要从乡村入手，要以教育为手段来改造整个社会，他同样积极从事乡村建设实践活动。但他认为当时的中国缺乏阶级，不赞成利用暴力革命的手段来解决社会问题，实际上是一种改良主义的道路。

上述仁人志士均感觉到当时中国的最大问题在于农村、在于农民，他们所提出的主张和从事的实践活动实质上是一种"教育救国"的探索。

新中国成立前，尤其是土地革命和解放战争时期，农村改革的核心就是土地革命。在我国，人地矛盾历来是农村社会矛盾的重要根源。建立在封建土地私有制基础之上的乡村社会制度，面临着巨大风险。以毛泽东为核心的中国共产党同样看清了这一矛盾，他们认识到了农村和农民在中国革命中的重要地位，解决农民土地问题是建立乡村社会秩序的关键，通过土地革命打破封建土地私有制对农民的剥削和对农村生产力的束缚，走出一条农村包围城市的新民主主义革命道路。实践证明，在当时的中国唯有这条道路是正确的。土地革命的基本路线是：依靠贫农、雇农，联合中农，限制富农，保护中小工商业者，消灭地主阶级，变封建半封建的土地所有制为农民的土地所有制。通过打土豪、分田地、废除封建剥削，满足农民的土地要求，这极大地调动了一切反封建的因素，保证了革命的胜利。

革命根据地和解放区的乡村治理，是一条建立在阶级对立角度的革命道路，其关键环节是土地革命和武装斗争，并且两者紧密结合，共同构成乡村社会治理的战略支撑。通过武装斗争保卫土地革命的胜利成果，促进土地革命顺利开展；通过土地革命调动农民参军入伍的积极性，增强了武装斗争的实力。土地革命和武装斗争的紧密结合，促使乡村治理呈现出良性循环的发展态势。

革命根据地和解放区时期的乡村治理，是从政治、经济、文化等多层面全方位推进的。首先，通过建立人民政权，扩大和发扬民主，为领导乡村工作奠定组织基础。在抗日战争时期，为调动一切积极因素参加抗战，根据"三三制"原则对政权进行改选。其次,进行了较大规模的经济建设,为军队提供供养,为改善人民群众生活提供物质基础。通过经济建设把人民群众组织起来,进一步巩固工农民主专政。最后,中国共产党在乡村治理中非常重视文化工作。通过举办各种补习学校和识字班,提高农民的民族觉悟和文化水平。当时的乡村治理,不因民主政治建设而偏废其他方面,政治、经济与文化的发展相互促进、相互补充,实现了乡村社会的良性循环和整体提升。

革命根据地和解放区的乡村治理,最重要的手段是社会动员。这是中国共产党在民主革命时期领导中国革命的政治优势,也是中国共产党开展乡村治理活动的显著特色。通过社会动员唤醒农民革命意识,激发参与热情和积极性。社会动员是政治、经济、文化全方位的动员,以政治动员为引领、经济动员做基础、文化动员来凝聚(胡倩,2013),以解决人民群众的基本需求为着力点,充分有效地开展各种社会动员活动,为革命胜利奠定了基础。

民主革命时期中国共产党治理乡村社会的经验,在今天仍然具有极强的借鉴意义。一是,农村社会治理工作一定要抓住当前农村的主要矛盾,要以人为本,把解决人民群众的现实需求作为社会治理的出发点和落脚点。二是,要进一步关心农民的生活状况,及时有效地解决民生问题,把农业生产、农民生活、农民利益有机地结合起来,这是推动当前农村社会治理的关键所在。三是,农村社会治理要坚持走群众路线,充分发挥民众的积极性与主动性,"一切为了群众,一切依靠群众,从群众中来,到群众中去""老百姓想到什么,就要做什么"。四是,要树立正确的利益观,引导农民正确处理整体利益和个人利益的关系,这是农村社会治理的一个根本性因素。五是,要充分发挥社会动员的作用,通过建立有效的社会动员机制调动农民的积极性,尤其是充分发挥中国共产党长期以来所形成的政治动员优势。

二 新中国成立后的农村社会治理

新中国成立后,我国农村先后经历了乡政并立、政社合一、乡政村治三个阶段。与此相适应,在农村基层社会治理中,国家权力也经历了一个下沉、全面渗透、向上回抽的过程。一开始的农村治理模式是权威基础上的弱行政化,到后来发展为强行政化,最后逐步向社会化的演变(戴玉琴，2009）。出于整合农村资源推进现代国家建设的考虑，政府通过土地改革、合作化运动、人民公社化三大政治步骤完成了对乡村社会的介入（苏海新等，2014），建立了国家主导的"政社合一"乡村治理模式。

新中国成立初期的土地改革，消除了土地的集中占有，充分调动了贫农雇农的积极性，保证了国家所需的粮食生产，增强了农民对新政权的政治认同，为计划体制下国家权力介入乡村社会治理奠定了良好基础。

由于新中国的经济底子十分薄弱，同时面临着严峻的国际形势，政府必须集中乡村资源为国家建设大局服务。20 世纪 50 年代初期，我国农村开始了合作化和集体化运动，国家实行粮食统购统销，分散的小农经济开始走向集中，农民走上了互助合作的道路。先后经历了互助组、初级合作社、高级合作社三个阶段，最终集体经济成为农村最基本的经济制度。通过合作化运动，一方面为国家工业化提供了必要的资本积累，另一方面解决了国家权力下沉与农村秩序重建的问题。

到了 20 世纪 50 年代末，人民公社制度的出现，基本上使国家垄断了乡村治理的话语权，它是土地改革、农业合作化运动和粮食统购统销政策发展的必然结果。通过撤乡并社，由"政社合一"的人民公社行使乡镇政治权力，并将农村合作社改变为生产大队，实行"三级所有、队为基础"的管理体制，生产队在公社和生产大队的统一指挥下从事农业生产活动。与此同时，在农村普遍设立基层党组织（公社设立党委，生产大队建立党支部），基层党组织直接干预和从事农村经济和社会事务的管理工作。在人民公社时期，社会管理体制向下无限延伸，传统的乡村社会结构不复存在，国家通过各种手段占领了社会管理的绝大部分领域。

在一定时期内，"政社合一"的管理体制发挥了重要作用，为今天的农村社会治理留下了宝贵经验。一是，"政社合一"的管理体制，使得国家政权组织与集体经济组织紧密地融合在一起，这不仅增强了农民对这一组织的政治认同感，而且奠定了国家管理农村社会事务的基础。二是，建立在公有制基础之上的农村集体经济，可以集中力量办大事，为解决农村社会问题奠定充足的物质基础。三是，当年我国农村所建立的一些农田水利设备，有相当一部分目前仍发挥着作用，供销社、信用社等农村组织，几经演变，它们对于当前农村流通体制改革、金融体制改革以及农业合作社发展，仍然具有一定的借鉴意义。四是，当前农村基层党组织的建设成效，仍然具有很强的启示作用，加强农村社会治理工作必须坚持党的领导，必须处理好党的领导与村民自治之间的关系。

然而，"政社合一"的社会管理体制存在明显弊端。在某种程度上，它超出生产力的发展阶段，是一种急功近利的行为，存在一定的"左"倾错误倾向。

从表面上看，"政社合一"担负着双重职能，但是它却过多地强调政权职能，削弱了经济职能，是典型的以政权组织代替经济组织管理经济的做法。"政社合一"的结果是国家政权过多干预集体所有制经济，甚至侵犯其利益，"公社"这个集体经济组织名不符实。农业生产更多的是执行上级命令（陈文科，1980），生产队和农民个体缺乏自主权，依靠政治动员和行政命令调动起来的生产积极性，自然不会持久。

从本质上来看，"政社合一"是对农村全面硬性的控制，属于强制治理模式，这种模式并不是农村社会经济发展的自然结果，而是依靠政治力量来推动的，它缺乏必要的内在动力。这种与民主权利脱节的治理模式，必然会损害农民的利益，造成农民生活水平极度低下，农业发展基本停滞。

到20世纪70年代末，一些落后地区的农民迫于生存压力，开始私下实行包产到户和包干到户的做法。在得到中央认可后，家庭联产承包责任制开始在全国农村普及。

改革开放后，农村实行家庭联产承包责任制，农村活力被重新激发，农村面貌焕然一新。耕者有其权，农民拥有了生产上的自主决策权；农民剩余的粮食可拿到市上出售，农民的收入迅速提高。另外，集体经济的弱化，使得大量劳动力从土地中解放出来，很多年轻人离开村庄进入城市寻找工作。农民与国家的关系也发生了变化，开始回到新中国成立前的状态，农民只需要履行对国家的税费承担一定责任，例如缴售公粮、缴纳农业税、村提留、乡统筹等。

值得注意的是，农村经营制度的改变，使得农村集体经济逐步被弱化。土地分给个人耕种了，集体财产有些甚至被变卖成私人财产。大部分村庄的集体经济已经成为空壳，集体收入一般主要依靠微薄的承包费。

从2006年开始，中央决定全面取消农业税，这极大地调动了农民的积极性，推动农村经济社会的快速发展。农业税的取消，再次削弱了农村集体经济，这使得农村社会治理的物质基础变得更为匮乏。农村基层组织几乎无法为农民提供任何福利或公共服务，村干部的威信在下降，其职能仍然局限于执行上级任务。

第二节 我国农村社会治理的现状

一 农村社会治理取得的成就

新中国成立66年来，我国农村发生了翻天覆地的变化，从"土地改革"到"政社合一"，再到"土地承包经营"和"村民自治"，我国农村社会治理发生了质的改变，我们一直沿着中国特色社会主义道路，探索出一条适合我国国情的农村社会治理之路，目前已经取得了不少成绩，也积累了一定经验。

近几年，党和政府采取了一系列支农惠农政策，极大地改善了农村治理状况。一方面，加大农村基础设施和农田水利的建设力度，积极引导农业产业结构调整，为农业增产、农民增收奠定基础。另一方面，积极推动农村各项社会事业发展，在义务教育、医疗、养老等方面采取了一系列卓有成效的措施，例如农村薄弱学校改造计划、农村义务教育学生营养餐计划，新型农村合作医疗、新型农村养老保险等，为农村社会事业发展注入了活力。

党和政府还不失时机地提出了"建设社会主义新农村"的目标，围绕"生产发展、生活富裕、乡风文明、村容整洁、管理民主"等五项内容全力推动"三农"问题解决。从某种意义上讲，社会主义新农村建设为我国农村社会治理向更深、更广发展提供了新契机。

值得一提的是，在大多数农村地区，"管理民主"得到了有效发扬，农村基层治理中开始出现了竞选村干部的现象，绝大部分村庄实行了政务公开、财务公开，农民群众拥有了一定的知情权、参与权、管理权与监督权。"管理民主"是我国新农村的具体要求，也是农村社会治理向纵深发展的必然要求（孙少菲等，2011）。虽然，当前我国村民自治仍然面临着如何杜绝贿选、如何更好促进社会治理良性运转等难题，但是，我们在此领域所取得的成就是不容忽视的。

近几年来，围绕农村社会治理，包括浙江、河北在内的一些省份，开始以党委和政府的名义开展系列整治活动。比如，浙江省围绕"千村示范万村整治"工程开展了美丽乡村建设。河北省通过派驻工作组的形式，开展了"农村面貌改造提升行动",努力打造"看得见山水、记得住乡愁"的美丽乡村。该项工作坚持集中连片建设,突出地域特色,调动多方积极性,从实际出发,注意长效管护,打造"新民居、新设施、新环境、新农民、新风尚",努力提升全省农村面貌水平。重点做好15件实事:农村饮水安全、垃圾处理、厕所改造、道路硬化、村庄绿化、民居和危房改造、清洁能源、污水处理、土地整理、村民中心建设、环境美化、教育设施建设、传统文化保护、产业支撑、基层组织建设等。在农村社会治理方面,努力构建包括"村党支部、村代会(村监会)、村委会和合作社"在内的"四位一体"依法治理机制,积极打造乡村治理示范区。① 通过上述努力,河北省农村面貌有了较大改善。

目前,我国农村社会治理已经形成了一些好的经验和做法,对于更好地开展下一步工作具有很好的指导作用。这些经验和做法大体包括以下几个方面:一是,农村社会治理要坚持中国共产党的领导,要坚持走中国特色社会主义道路,要努力实现乡村的稳定发展和农民的梦想,为实现中华民族伟大复兴的中国梦注入新动力。二是,农村社会治理要更多地借助组织的力量,政治动员在某种情况下会发挥意想不到的效果。三是,农村社会治理不能搞花架子,要解决农民的实际问题,满足百姓的实际所需。四是,农村社会治理要走群众路线,只有调动广大民众的参与积极性,才能找到一条长期的、有效的乡村治理之路。五是,农村社会治理是一项全方位推动的工作,需要通盘考虑农业生产、农民生活、生态环境等诸多要素,需要调动城乡社会方方面面的积极性,充分发挥经济、政治、文化、社会等多方面要素的作用。

二　农村社会治理面临的问题

1. 农村社会矛盾依然突出

随着农村社会经济的迅猛发展,农村社会所存在的种种冲突与矛盾也日益尖锐和复杂。在调查中,我们所看到的广大农村的真实情况是:空心化、原子化的村庄,结构散落的农村家庭,陷于养老困境的村庄老人,物质与精神家园同时丧失的留守儿童。农村社会的治理局面可以说是千头万绪。更深层次的社会问题表现在以下几个方面:

---

① 河北美丽乡村网站 http://ncgzts.hebei.com.cn/。

（1）农村社会文化的零落

改革开放以来，西方价值观对我国城市的影响无疑是巨大的。而随着电视、广播以至互联网在村庄的逐步普及，传统村庄的文化秩序更是受到了前所未有的巨大挑战和威胁，甚至有学者认为这一挑战可能会是致命性的。村庄社会结构的"原子化"、人际关系的"利益化"等，都是这种强调个体价值、注重个人享受的西方价值观念在现实生活中的直接体现。

而在种种触目惊心的社会问题的背后，农村社会治理的问题便也随之凸显出来。纵观新中国成立以来我国农村社会治理的历史，我们大致可以看到国家政权从极大地深入基层社会，不断地增强对村庄居民个体的控制，到逐步尝试退出基层社会，培养村民自治力量的发展轨迹。然而我们不能忽视的是在西方价值观的冲击下，那种生活在祖荫之下、强调以集体利益为重的"集体人"开始转变为追求自身最大利益、关注个人权利与福祉的"个体人"。

（2）农村社会结构的散失

20世纪70年代的农村经济体制改革从根本上改变了几千年以来农民的生存环境。农业的市场化改革在一夜之间将农民从自给自足的传统小农生产的封闭社会体系抛向了另一个全新的、充满了市场所带来的不确定风险的社会体系。现代社会的种种风险时刻萦绕在每一个村民个体周围。只是，由于我国农村社会发展的特殊情况，在这一历史过程发生的初期，面对这种变革广大农民似乎并未产生应有的阵痛，取而代之的更像是一场丰收的盛宴。初次走出村庄的人们到城市里赚到了比以往务农多得多的收入，接触到了一个远比村庄辽阔、物资充盈而且充满活力的城市生活，于是人人奔走相告，越来越多的农民纷纷涌入城市，期待着能在这广阔的天地里掘到自己的第一桶金。

年轻的壮劳力纷纷涌入城市，平时的村庄就只剩下了妇女、儿童以及老人留守，男人们一年里也只在农忙时节或是过节等特殊的日子里，才会在村庄作短暂的停留。条件好一些的农民，选择将妻子和子女一起接到城市。近些年来，越来越多的家庭举家外出务工，平日里的村庄随着他们的出走，便如同被遗弃似的陷入沉默，无论是家庭与村庄的日常生活，还是村庄政治的日常运行都受到极大影响。

大量农村青壮年劳动力外出务工，直接的后果便是对农村家庭结构完整的破坏，由此而产生大量的留守妻子、留守老人和留守儿童。农村老人的养老问题、留守儿童的教育问题，以及由此而引发的留守儿童犯罪等诸多社会问题都暴露无遗。

（3）农村社会关系的"利益化"与"个体化"

农村经济体制改革以来，尤其是家庭承包责任制的推行，以及农民外出务工成为趋势，对经济利益的追求与看重成为影响我国农村社会关系的重要因素。换言之，农民在社会资源的调动与使用过程中体现出明显的经济上的实用主义倾向。

这种倾向集中体现为农民在日常生活中一改对宗族关系的单方面侧重，而转向对基于经济互利的双系亲属关系资源运用的注重。如杨善华、侯红蕊对"家族关系的泛化"概念的提出，正是基于"姻亲关系在家族关系中作用的增大甚至威胁到男系家族关系的不容置疑的核心地位"这一新的社会事实（杨善华、侯红蕊，1999）。而对于这一转变的动因，"往往隐含了以经济利益为目标而对家族亲缘关系的利用和重构"（唐军，2001）。经济利益成为影响传统差序格局下人们之间关系亲疏远近的一个重要纬度。

也有学者将农村社会关系转变的事实解读为个体的觉醒，即村民对亲属关系处理方式的转变，就其本质来讲，是对个体利益而非集体利益的维护与强调。对于我国社会个体化的变化趋势来讲，个体的成长往往伴随着公德意识的匮乏，一味强调个人的权力，忽视相应的义务。

无论是农村社会关系的"利益化"还是"个体化"趋势，都是在我国尤其是农村地区的具体社会经济发展条件发生深刻变革的历史进程中所发生的。不可否认，这一趋势的出现在客观上推动了农村经济的迅速发展，对村民物质生活水平的提高也提供了动力支持。然而，如何合理地引导农民对经济利益以及对个体权利的关注，进而寻求我国农村社会与经济的长期持续而稳定的发展，是需要投注更多关注与思考的问题。

2. 传统社会治理主体的弱化

（1）基层政权组织的功能弱化

中央以农村税费改革为标志的一系列支农惠农政策，由于在执行方式上选择了向分散农户直接发放财政补贴而非现行体制下的层层划拨，客观上加剧了基层政权在基层社会治理过程中的被动局面，经过精简后的基层政权组织无论从手中所掌握的各种政治与经济资源的总量上，还是在上传下达的工作过程中所承担的具体职责上都遭到了显著的抑制甚至削减。尽管国家也采取了诸如增加对农村的财政转移支付力度等措施来缓解其困境，但成效相对有限。

从总体上看，新的制度设计对基层政权组织的影响是消极的，其财政实力与政治权威在很大程度上被削弱，直接导致了其无法保障农村公共产品与服务的足额足量的提供，在村民之间开展工作时权威大打折扣，开展工作的压力与难度大幅度增加等，这些无疑抑制了我国农村基层组织的积极性。

不少农村基层组织的作用开始弱化，"当干部就是为了捞一把"的心态在农村依然存在。有些村干部不是依靠劳动发家致富，而是依靠自己对村内资源和社会关系的垄断获取私利。他们往往对村内公共事务漠不关心。例如，在调查中我们发现，有的村干部只顾忙自家的活儿，在村里也就是挂个村干部的名，无暇顾及村内公共事务；有的村干部抱怨报酬太少，得过且过，无所作为。

在调查过程中，我们发现农民眼中的村委会是这样的：

> 政府下达的政策通知不能够及时传达给村民，一些需要学习的中央政策和精神，也不能很好地开展。村委会在选举时拉选票、贿选的情况大有存在，我们很难信任选举出来的村委会干部，甚至很多人为此还产生怨言和矛盾纠纷。村委会在做出某些有关全村发展的决定时，经常不征求村民的意见，村民代表也没尽到为百姓利益服务的责任。（摘自 MY 村访谈记录）
>
> 村委会没有办公室，办公基本就在村主任家中，且村内事务基本上由村主任和电工两人进行管理。村主任不经选举，近几年都是由上一届村主任指定，不采用投票方式。村主任大吃大喝，干部之间相互争权，关系紧张，村民有怨不敢怒。（摘自 PG 村访谈记录）

（2）农村自有组织资源——宗族的历史命运

早期关于宗族的研究，主要侧重于其在村民日常生活中的地位和作用的探讨。较早的研究有费孝通先生在描述乡土中国的社会特征时所提出的"无讼""长老统治"等概念，反映了宗族组织在农村日常生活中解决纠纷、维持社会稳定发展等方面的重要作用。另外，宗族组织在村庙公共祭祀仪式中也同样起着主导性作用，是农村最基本的社会组织，是农村社区自我治理的纽带。

新中国成立以来，我国宗族组织的发展受到了国家政权的强势干预。新中国成立初期，由于意识形态的原因，宗族被视为一种落后的、封建的组织形式，宗族组织被取缔，宗族活动受到严厉打击，并最终在人民公社时期失去了其生存的物质基础与文化氛围，受到重创。而改革开放以来，国家对宗族的态度有所放松，宗族的生存空间得以扩大。正是在这样的历史背景下，学者们展开了对宗族前途命运的研究与讨论。宗族组织的合法性问题成为学术探讨的一项重要内容。整体上看，学者们的观点在经历了初期所持的普遍性否定倾向后，态度渐趋理性，就"重建论"和"瓦解论"两种主张展开了争论。

主张"宗族在重建"的学者占据多数。相关的研究主要是对我国不同地区宗族组织的重建状况以及重建过程中所暴露问题的实证考察。其研究结果显示，我国改革开放后尤其是20世纪80年代中后期，宗族组织在很多地区普遍呈现全面复兴之势。宗族复兴不仅体现在诸如续家谱、修宗祠等组织上的重建，也体现在宗族借助国家在农村的政治选举制度、在村庄选举过程中影响"村庄政治权力结构及其运行"的权力重建。但是，宗族试图影响村庄政治的权力重建，不仅导致同一村庄内部不同宗族间的矛盾激化（如械斗），而且影响了村庄民主的顺利实现，也带来了威胁农村社会的基本稳定与政治民主等负面后果。

持"重建论"观点的学者认为，宗族组织在面向新的社会环境，其自身具备为适应新的环境而做出适当调整的能力与倾向，因此仍然具备存在于历史舞台的合法性。他们认为宗族在重建过程中的"移植"和"创造"，并非只是农民社会传统性没有褪尽的现实表现或者说是一种传统的延续，而是认为这些传统已成为人们现代生活中的一种生活习性，应将宗族的复兴置于中国社会结构和文化中来思考（麻国庆，2000）。

"瓦解论"则认为我国宗族组织在新中国成立后逐步走向瓦解。他们认为新中国成立初期，由于与新制度具备组织上的同构性，宗族的力量得以延续，并在特殊时期（如自然灾害）对村民提供庇护与支持的过程中得以加强。相反，改革所开启的"公民化"历史进程使得公民与国家之间的契约关系代替了其与宗族间的血缘关系，从根本上中断了宗族的进一步发展的基础。

持"瓦解论"观点的学者则认为，在新中国成立后的历史发展形势下，建立在传统农业社会文化基础之上的宗族组织，在逐步实现现代化的历史阶段已经失去了其存在的必要基础，理应退出历史舞台，暂时的"复兴"只是个别现象。

在调查中，农民也谈到了宗族问题，他们认为宗族明显具有两面性。

村里人都有家族观念，这既有好的一面，也有坏的影响，好的一面在于家族中互相帮助，一家富裕后帮助他家，共同走向好生活。坏的方面会形成恶性风气，两个小家庭的不和可能造成两个家族的纠纷，不利于村子的和谐。（摘自 DY 村访谈记录）

你问宗族的作用呀，我看应该区分来谈，不能一概而论，跟村委会关系较近的，当然支持村内工作的开展了，可以说是积极作用；而跟村委会关系不好的，会站在村委会对立面上，阻挠村内工作的开展，起消极作用。（摘自 ZZ 村访谈记录）

但是，如何确立农村宗族是否存在以及复兴或瓦解的具体衡量标准，仍然是目前需要考虑的重要问题。在这个问题没有界定清楚的情况下，上述两种观点均具有一定的合理性。

3. 农村社会治理机制的不健全

在"国家—社会"关系重构过程中，个体和社会组织地位的不充分，是构建农村社会治理机制的重要障碍。虽然我们已经有了成套的村民自治制度，但是，民主和法的缺乏使得农村社会治理机制缺少了准绳和灵魂。探索有效的农村社会治理机制，仍然任重而道远。

从理论主张来看，关于"国家—社会"二者间的关系有两种主要观点。一种主张是洛克式的"社会先于国家"或"社会外于国家"。这种观点强调社会的自我管理，而非国家的过分干预。这一观点在我国农村社会治理方式的探讨中，也受到了大多学者的支持。主张充分调动村庄既有组织资源，发动民间组织，提高村民的政治参与意识等形式，真正实现村庄自治。

而另一种主张则是黑格尔式的"国家高于社会"，认为社会秩序的达成必须经由"真正的道义力量"——国家来实现，否则就只能陷入一种"伦理层面的无政府状态"。这一主张促使学者们开始重视国家在农村社会治理中的积极作用。而就我国现实来看，越来越多的学者开始寻求在

"国家与社会力量之间的互动和紧张中"寻求第三条道路（邓正来，2006）。

而在国家、社会这些主体之外，个体在农村政治中也日益呈现出其独立性和重要性。村民从计划经济时期对掌握社会稀缺资源的干部具有"组织性依附"，但到了市场经济时期，随着村干部权力的大幅度被削弱，村民们对干部的态度发生了根本性的转变。作为社会与国家政权之间的村民个体开始崛起，其坚持个人利益，维护个人权利的意识已经觉醒。

> 多数人认为村民和村委会、乡镇政府之间是服务和被服务关系，但实际情况并不是很理想。村委会有些工作还不到位，服务意识还不够。（摘自 DH 村访谈记录）

另外，还有一个崛起的因素是农村社会组织，它在重构"国家—社会"关系中起着重要作用。然而，就我国农村社会组织的普遍发展状况来看，农村社会组织无论是在质量还是数量上都仍存在着很大的差距。

在本次调查过程中，我们也发现了类似的问题：

> 俺们村的社会组织，有的话也就是自发形成的跳舞的文化娱乐团体吧。人员有时可能很多，有时很少，也没有专业的人教或指导，都是村里人在电视上自己学的，然后教大家一起玩会儿呗。（摘自 CY 村访谈记录）
>
> 在我们村娱乐广场建成之后，村民自发组成了一支舞蹈队伍和音响团队，在晚上会聚集在广场，极大地活跃了气氛。另外，今年村内新建了一个农业合作社，主要帮助农民解决农业筹资问题。（摘自 ZY 村访谈记录）

可见，目前农村最多的社会组织就是秧歌队、红白理事会等，它们的组织性普遍松散，尚未形成一股稳定而有力的第三方力量，更没有参与农村社会治理活动。

根据张学东等学者对河北省 76 个村庄的实证调查结果，同样支持了上述结论。他们认为能够在农村有效发挥诸如服务协调等社会功能的社会组织，无论是数量还是类型，都相对较少，即便是已成立的社会组织中，基本上还流于形式，未能真正发挥实质作用（张学东、李红霞，2011）。

小　结

"皇权"与"绅权"在制度与非制度两个层面并行，这是我国传统农村社会治理的重要特征。在传统的"县政绅治"治理方式中，士绅阶层成为国家权力深入基层社会并试图贯穿其意志的"缓冲地带"。

在新中国成立前，无数仁人志士不断探寻救国救民的道路。晏阳初、陶行知、梁漱溟等仁人志士曾提出了教育救国的思想，并以此作为乡村社会治理的重要切入口。它们认为中国的最大问题在于农村和农民，他们所提出的主张和从事的实践活动，实质上是一种"教育救国"的探索，这对于当前农村社会治理工作具有重要的参考价值。乡村社会治理需要农民的觉醒和农民的文化素质提升，需要农民的自我学习和实践。

以毛泽东为领导核心的中国共产党，根据中国农村社会矛盾的现实情况，走出了一条农村包围城市的道路。在革命根据地和解放区，乡村治理走的是一条土地革命和武装斗争的道路，两者紧密结合，共同构成了当时乡村社会治理的战略支撑。革命根据地和解放区的乡村治理，是从政治、经济、文化等多层面的全方位推进，充分发挥了社会动员的手段，当时的乡村社会治理经验，对于今天的工作开展仍然具有极强的借鉴意义。

新中国成立后，我国农村先后经历了乡政并立、政社合一、乡政村治三个阶段。新中国成立初期的土地改革，消除了土地的集中占有，极大地调动了贫农雇农的积极性，为计划体制下国家权力介入乡村社会治理奠定了良好基础。合作化和集体化运动为国家工业化提供了必要的资本积累，解决了国家权力下沉与农村秩序重建的问题。人民公社制度的出现，基本上使国家垄断了乡村治理的话语权。

在一定时期内，"政社合一"的管理体制发挥了重要作用，为今天的农村社会治理留下了宝贵经验。然而，"政社合一"的社会管理体制，存在明显弊端。在某种程度上，它超出生产力的发展阶段，是一种急功近利的行为，存在一定的"左"倾错误倾向。

改革开放以后，农村实行家庭联产承包责任制，农村活力被重新激发，农村面貌焕然一新。然而，农村经营制度的改变，尤其是全面取消农业税极大地调动了农民的积极性，却间接削弱了农村基层政府的财政能力，使农村社会治理的物质基础变得更为匮乏。农村基层组织的职能仅限于执行上级任务。农村社会治理面临极大的挑战。

近几年来，党和政府采取了一系列支农惠农政策，进一步改善了农村社会治理状况。围绕"生产发展、生活富裕、乡风文明、村容整洁、管理民主"等五项内容，开展了建设"社会主义新农村"的活动，农村社会治理开始向更深、更广的方向发展。包括浙江、河北在内的一些省份，开始开展"农村面貌改造提升行动"，打造"看得见山水、记得住乡愁"的美丽乡村。

当前，我国农村社会治理所面临的问题比较突出。农村社会矛盾和纠纷仍然频发，农村社会文化日益零落，农村社会结构依旧散失，农村社会关系越来越呈现出"利益化"与"个体化"的倾向。基层政权组织手中所掌握的资源和职责在不断被削弱，传统农村社会治理主体的功能在弱化。农村宗族势力对农村社会治理的影响，成为不可忽视的重要因素。在"国家—社会"关系重构过程中，个体和社会组织的地位并没有得到充分体现，已经成为农村社会治理工作的显著障碍。

第四章　统筹城乡发展对农村社会治理提出的新挑战

统筹城乡发展是解决"三农"问题、实现城乡良性循环的根本途径，是坚持走中国特色新型工业化道路的内在要求，也是构建和谐社会的关键所在和重要标志。党的十六届三中全会提出要实现五个方面的统筹发展，其中列在首位的就是统筹城乡发展。统筹城乡发展之所以被列为首位，原因在于它是最有可能取得突破性成就和最先解决的领域，是经济社会协调发展的前提，是实现其他方面统筹发展的基础。在城乡统筹发展步伐日益加快的背景下，我国农村社会治理面临着越来越复杂的情况。

笔者认为，统筹城乡发展与农村社会治理之间存在相辅相成的关系。

第一，统筹城乡发展向农村社会治理提出了新课题。

广大农村在实行家庭联产承包责任制后，农民迅速转变为家庭经营者，集体经济逐渐丧去原有的管理职能，农民对政治和公共事务缺乏热情，基层政权组织的社会管理职能大幅度削弱。在这样的背景下，农村社会治理面临着首要问题就是，构建与农村经济社会发展水平相适应的社会治理体系，破解阻碍农村发展的旧有矛盾。

然而，随着统筹城乡发展步伐的加快，农民的居住方式、经济生活方式和政治参与方式均发生了重大变化，农村社会治理必须要适应这种变化，不断解决发展中所遇到的新问题。

值得说明的是，我国仍然存在较严重的二元社会结构，巨大的城乡差距在很长时间内仍然存在，如何弥补农村的发展"短板"，如何实现城乡公共服务的均等化，如何在城乡社会融合发展的大背景下，创新农村社会治理机制、迅速缩小城乡差距，是摆在我们面临的一项重要新任务。

第二，统筹城乡发展呼唤农村社会治理主体的多元化。

在某种程度上讲，统筹城乡发展的过程，就是农村社会治理水平全面提升的过程。在这一过程中，需要改变政府的职能方式，进一步理顺各级政府之间的关系，需要重构政府和社会的关系，构建城乡之间的对接机制，充分发挥包括农村社会组织在内的多元化主体的积极作用。

第三，统筹城乡发展需要农村社会治理行动的协同化。

推动城乡之间协调均衡发展，需要借助多方的力量。然而，多元的参与主体必然反映出多元的不同利益诉求和利益格局，如何协调各方的利益关系，这构成了农村社会治理的全新内容。与此同时，治理行动本身需要构建一个协同的、有效的运行机制，这是农村社会治理的核心难题。

第四，统筹城乡需要营造民主法治的社会治理环境。

统筹城乡发展就是要补齐农村发展的"短板"，城乡之间的一个重大差距就是农村居民"公民意识"和"法律意识"的普遍淡薄，面对村干部的"贿选"或不作为，更多农民表现得习以为常或无奈。面对各种矛盾和纠纷，农民更习惯采用非法律的手段，许多问题往往被激化或恶化。

另外，随着国家对农村支持力度的加大，大量的基础设施和支农资金投入农村，如果没有良好的民主议事制度，这些政策支持很难真正发挥作用。

第五，统筹城乡发展需要农村社会治理手段的多样化。

在城乡统筹发展的过程，会面临各种各样的矛盾和问题。只靠传统的行政手段是很难奏效的，需要走综合治理、系统治理的路子，要依靠行政手段、法律手段、经济手段、道德教育等多种手段来治理。

随着城乡之间互动交流的加快，信息化手段、网格化治理等，也应引起相应的重视。

第六，农村社会治理具体问题的解决在很大程度上取于城乡统筹发展程度。

一般来说，统筹城乡发展主要包括以下几个方面内容：统筹城乡生产力布局，提高农村生产力发展水平。统筹城乡产业结构和布局，加快农村第二和第三产业的发展。统筹城乡劳动力合理有序转移。统筹城乡社会事业发展，提高农村教育水平、养老服务水平、卫生服务水平以及文化水平。统筹城乡投入，加大对农村的支持力度，重点扶持农田水利、农村道路等基础设施建设。

从某种意义上讲，城乡统筹发展的力度越大，城乡差距越小，农村社会治理所面临的一些问题，就会越容易被解决。解决农村发展的问题，破解农村社会治理的难题，必须依靠发展，依靠科学统筹发展。

第一节　抽样调查情况简介

我们所研究的农村社会治理，是在统筹城乡发展的背景下考虑问题的，缩小城乡差距，提升农民对社会生活和公共服务的满意度，是这一背景下加强农村社会治理的重要内容。

笔者于 2013 年 6 月从本科高年级和研究生当中选取了 60 名调研员，并进行了集中培训，最后有 50 名调研员参加了此次调研活动，他们利用 7—8 月的暑期时间分赴上述 100 个村庄展开调研，面向农民发放调查问卷并召开座谈会，了解农民对农村社会治理的看法和建议。

调研对象的选择：在河北省选择 100 个村庄进行调研，其中好、中、差村子各占一定比例，区分好、中、差村子的标准是：经济水平和地理位置。这样的划分，试图揭示农村社会治理创新与当地经济发展水平、地理位置等变量之间的关系。

本次调查涉及的河北省 100 个村庄，遍布河北省 11 个地市的 46 个县（区），见表 4－1。在选择具体村庄时，我们坚持"熟悉""就近"和"分类"和"随机"的原则，由调研员回到他们所熟悉的家乡进行调研。每 2 名调研员为一组，共 25 组，每组负责 1—2 个县（区）的调查，先列出自己所熟悉的 20 个村庄的名字，要求照顾到经济发展状况不同的村庄，即要有经济状况较好的村庄，也要有经济状况一般和相对较差的村庄，最后每组从 20 个村庄中随机抽取 4 个村庄，整个调研总共抽取 100 个村庄，发放调查问卷 1500 份，撰写访谈记录 100 份。调研数据汇总后，我们根据具体情况对其中 23 个村庄进行了回访，以核实相关数据。

表 4-1　　　　　　　　　　100 个村庄的分布情况

所属地级市	县（区）	村庄名称	所属地级市	县（区）	村庄名称
石家庄	栾城	东尹村	沧州	南皮	冯家口、祁家洼、叶三拔
	新乐	东里、东王		河间	穆留欢、前小汉
	藁城	东姚		泊头	郭杠子西村
	鹿泉	大河、中后新村		盐山	小卢、大卢
	赵县	石塔、东晏头、县前、河西寨、大马圈、安现	张家口	肃宁	张家庄、玉皇庙
				赤城	三道川、周村
	桥东区	元村、平南		下花园区	后保新、前保新
	桥西区	小谈村、振四街	衡水	宣化区	河子西、下八里
	裕华区	南位、南栗		深县	大屯
唐山	栾南	速火、南店		阜城	许家铺、南街
	玉田	马营	承德	桃城区	耿家村
	开平区	半壁店		宽城	王家店、后庄
保定	唐县	上赤城、歇马、赤岳村、稻元村、东屯、两雹水		平泉	白石庙子、耿家沟
	曲阳	孙家庄、柳树沟		围场	二十三号村、二十七号村、北三岔口、半截塔、布都沟、虎字、广字
	徐水	郎王庄、丁家庄、东崔庄、东马池			
	涿州	白家庄	秦皇岛	山海关区	董庄、小北园
	阜平	照旺台、谢地	邯郸	邱县	恒庄
	定州	东留春、总司屯		曲周	套里
	新市区	张庄、周庄		永年	张庄、杜刘固、河北铺、豆下、郑营
邢台	沙河	冀庄、河北庄			
	威县	河岔固、潘固、西徐古寨	廊坊	大名	后磨庄、田固
				霸州	于崔庄
	新河	东董、九门		文安	民主村
	南宫	白庄、小村		香河	铁佛堂、中营
	隆尧	南甫、西张		大城	于家务、东汪

在选择问卷填写对象时，我们采取完全随机方式，每村发放问卷 15

份（每户家庭最多发放一份），要求兼顾性别、年龄、文化程度等情况，由调查员当场指导填写，负责问卷的解释工作，以降低无效问卷数量。在选择访谈对象时，每村召开一次访谈会，由5—7名被访者构成（村干部不超过2名），要求被访者熟习本村具体情况，并考虑年龄构成等因素。在发放的1500份调查问卷中，实际回收有效问卷1484份。问卷调查对象的基本情况详见表4-2。

表4-2　　　　　　　　　　　　　问卷调查对象的基本情况

有效问卷份数	性别结构（%）		学历结构（%）			
	男	女	小学及以下	初中	高中	大专及以上
1484	48.79	51.21	27.56	41.04	24.19	7.21

表4-2（续）

有效问卷份数	年龄结构（%）			政治面貌（%）			人均纯收入（元）
	≤35	35—60	>60	中共党员	民主党派	群众	
1484	44.74	46.56	8.70	11.79	0.34	87.87	6649.75

注：人均纯收入不包括转移性和财产性收入，只包括经营性和工资性收入。

从表4-2可以看出，无论是性别和年龄角度，还是学历和政治面貌角度，均呈现出较好的结构特征，具有较好代表性。从人均纯收入来看，农民所填写的是2012年的人均纯收入情况，只包括经营性收入和工资性收入，不包括转移性和财产性收入。根据《河北省经济年鉴》的数据，2012年河北省农民人均纯收入为7119.69元，其中转移性和财产性收入为689.54元，剩余部分为6430.15元，与本次抽样调查结果6649.75元相比，两者基本吻合。

在本章，我们将首先分析农民对不同具体社会状况的满意度评价（即绩效表现）。然后，分析农民认为城乡之间存在明显差距的具体社会状况（即急需改善和解决的重要问题）。最后，我们采用"重要性—绩效表现"分析法（Importance-performance Analysis, IPA）对不同农村具体社会状况进行分析。

第二节　农民对农村社会状况的满意度

在调查问卷中，我们要求被调查者标记出他们认为农村与城镇存在明显差距的具体社会状况。这些具体社会状况包括：交通、治安、教育、环境卫生、老年人生活、人际关系、农民维权、业余生活等。然后，我们再要求被调查者对本村具体社会状况进行打分，以表示自己对本村的每一个具体社会问题的状况是否满意。

在调查问卷中，我们要求农民选择自己对本村社会状况满意的项目，由此我们可以进一步分析农民对本村社会状况的满意情况。

表4－3　　　　　　　　农民对本村社会状况的满意情况

项目	村内道路	外界交通	治安状况	业余生活	环境卫生
选择满意的人数	811	648	512	284	257
所占比例（%）	54.65	43.67	34.50	19.14	17.32
选择满意的人数	294	215	572	122	
所占比例（%）	19.81	14.49	38.54	8.22	

数据来源：根据调查问卷数据计算而得。

由表4－3可知，农民对农村社会状况的满意度普遍不高。对交通状况的满意度最高，其中对村内道路的满意度为54.65%，对外界交通的满意度为43.67%。接下来，是农民对人际关系和治安状况的满意率，分别为38.54%和34.50%。剩下的几个问题的满意度均未超过20%。学校教育和业余生活的满意度分别为19.81%和19.14%。对环境卫生状况和老年人生活的满意度分别为17.32%和14.49%。而对农民维权状况的满意度仅为8.22%。

接下来，我们分析不同类型村庄农民对本村社会状况的满意情况。

我们按照经济、政治、文化、社会、生态五个要素（每个要素对应的具体指标详见本书第五章），对100个村庄进行了聚类分析，指定组数为3，将100个村庄分成了好、中、差三组。其中："差村"39个，涉及被调查者572人，"中等村"33个，涉及被调查者492人，"好村"28个，涉及被调查者420人。

　　由表4-4可知，尽管农民对各种具体社会状况的总体满意率都不高，但随着村庄整体状况的改善，农民的满意率在整体上升。这种变化更多地表现在"好村"与其他两种类型的村庄的比较中。这说明，村庄经济、政治、文化、社会、生态总体状况的改善，可以普遍提高农民对农村社会状况的满意度。

　　值得注意的是，与其他问题不同，"差村"农民关于人际关系的满意度是最高的，这一现象是与"差村"经济社会发展落后、生产生活方式简单密切关系的。随着村庄整体状况的改善人际关系并没有得到好转。

表4-4　　　　　　　　不同类型村庄农民对本村社会状况的满意情况

不同村庄样本	项目	村内道路	外界交通	治安状况	业余生活	环境卫生
差村（39个）	满意人数	282	216	170	93	82
	所占比例（%）	49.30	37.76	29.72	16.26	14.34
	满意人数	239	189	155	94	53
	所占比例（%）	48.58	38.41	31.50	19.11	10.77
	满意人数	290	243	187	97	122
	所占比例（%）	69.05	57.86	44.52	23.10	29.05

表4-4（续）

不同村庄样本	项目	学校教育	老年生活	人际关系	农民维权
差村（39个）	满意人数	78	75	236	42
	所占比例（%）	13.64	13.11	41.26	7.34
中等村（33个）	满意人数	96	56	171	39
	所占比例（%）	19.51	11.38	34.76	7.93
好村（28个）	满意人数	120	84	165	41
	所占比例（%）	28.57	20.00	39.29	9.76

数据来源：根据调查问卷数据分组后计算而得。

　　当然，农民对社会状况的满意情况是因地而异的，上面所分析的问题具有一定普遍性。实际上，每个村庄都有自己特殊的问题需要解决。比如，DL村位于河道下流，村民最不满意的问题是"防洪抗旱"工作。

经常发生旱涝灾害，村里的水闸早就坏了，村委会和政府却始终没有维修，每当雨季来临时，水闸根本无法阻挡上游下来的洪水，有时水会淹过路面。干旱时，根本一点儿水都不能用。（摘自 DL 村访谈记录）

第三节　农民眼中的城乡社会差距

在农民眼中，城乡之间的社会差距主要有哪些？有哪些具体社会状况急需改善和解决？通过调查，我们发现对于不同社会状况，农民给出如下评价。

由表 4 - 5 可知，排在前四位的问题分别是：环境卫生、业余生活、权益维护和交通。具体来看，排在第一位的是环境卫生问题，有将近一半的农民（49.60%）认为，城乡社会差距主要表现在农村环境卫生差、急需整治；排在第二位的是业余生活问题，同样有将近一半的农民（48.25%）认为农村生活是很单调的，急需丰富；排在第三位的是权益维护问题，有45.35%的农民认为城乡主要差距表现在百姓维权难上，急需帮助；排在第四位的是交通问题，有43.67%的农民认为，城乡差距的主要表现是农村交通不便，急需改善。

表 4 - 5　　　　　　农民所选择的城乡社会差距的主要表现

农村差距表现	交通不便	治安差	生活单调	环境卫生差	子女上学难
选择人数	648	339	716	736	555
所占比例（%）	43.67	22.84	48.25	49.60	37.40

表 4 - 5（续）

农村差距表现	老人无人管	人际关系紧张	维权难	其他	
选择人数	420	172	673	13	
所占比例（%）	28.30	11.59	45.35	0.88	

数据来源：根据调查问卷数据计算而得。

接下来是教育问题和养老问题。有37.40%的农民认为城乡差距主要表现在农民子女上学困难，有28.30%的农民认为城乡差距主要表现在农村老人无人照料。排在最后的两个问题是治安和人际关系问题。有22.84%的农民认为农村治安差，11.59%的农民认为农村人际关系紧张。只有0.88%的农民认为城乡差距表现在其他方面。

调查发现，农民感受到的城乡社会差距主要表现在方方面面。不同类型村庄农民所选择的城乡社会差距也有所不同。

由表4-6可以明显看出，随着村庄整体状况的转好，交通、治安、业余生活、环境卫生、养老等五方面的社会状况在好转，被调查者中认为城乡之间在这方面存在明显差距的人数比例明显下降。

然而，对于人际关系、教育、维权等三方面的社会状况，在"差村"中，认为在这方面存在明显城乡差距的人数比例最高（状况最差），到了"中等村"，人数比例降到了最低（状况最好），但到了"好村"，人数比较反而有所上升，甚至接近了"差村"的情况。这说明，农民对教育、人际关系和维权等社会状况的评价，没有好转反而恶化了。

从人际关系这个角度来看，随着农村社会经济状况的转好，"好村"的人际关系非凡但没有好转，反而有恶化的倾向，老百姓维权也可能会面临更为突出的问题。

从教育问题来看，上述情况并不能说明"好村"的教育资源就差，只不过是农民的感受发生变化而已。随着农村整体状况的好转，农民对优质教育资源的需求增加了，他们更能感受到城乡之间在这方面的差距。

表4-6　　　不同类型村庄农民所选择的城乡社会差距主要表现

不同村庄样本	差距表现	交通不便	治安状况差	生活单调	环境卫生差	子女上学难
差村（39个）	选择人数	298	139	290	294	266
	所占比例（%）	52.10	24.30	50.70	51.40	46.50
中等村（33个）	选择人数	198	108	238	252	143
	所占比例（%）	40.24	21.95	48.37	51.22	29.07
好村（28个）	选择人数	152	92	188	190	146
	所占比例（%）	36.19	21.90	44.76	45.24	34.76

表 4 - 6（续）

不同村庄样本	农村差距表现	老人无人管	人际关系紧张	农民维权难	其他
差村 （39 个）	选择人数	188	92	266	4
	所占比例（%）	32.87	16.08	46.50	0.70
中等村 （33 个）	选择人数	133	32	212	3
	所占比例（%）	27.03	6.50	43.09	0.61
好村 （28 个）	选择人数	99	48	195	6
	所占比例（%）	23.57	11.43	46.43	1.43

数据来源：根据调查问卷数据分组后计算而得。

　　XD 村、DYT 村和 XZS 村，是我们在访谈记录中随机翻到的三个村庄。他们分别属于"差村""中等村"和"好村"。虽然三个村庄的农民都普遍认为教育是城乡差距比较大的问题，但是，他们对城乡教育差距的感受存在明显差异。

　　村里的小学只教到二年级，学校只有一个老师，语文、数学全盘端，体育课也就是学生自己玩耍。到了三年级，（学生）还得去 3 公里外的另一个村子上（学），这个小学没有食堂、宿舍。9 岁大的小孩们只能每天早上步行去，晚上步行回来，午饭是由自己家带的饭菜，都凉着吃。尤其是冬天，学生们都冻手冻脚，手上长满冻疮，特别辛苦。（摘自 XD 村的访谈记录）

　　村里的一个主要问题是教育，村内大部分资金都用于发展经济了，忽略了教育的发展，教育跟不上经济的发展，学校硬件比较差，师资力量薄弱，孩子得不到良好的发展机会。（摘自 DYT 村的访谈记录）

　　现在，农村教育普遍得到提高了，尤其是教育硬件有了很大的提高，但是软件并没有跟上，农村的教育还有很大的差距，应继续发展。（摘自 XZS 村的访谈记录）

　　可见，随着农村经济社会发展水平的提高，教育的总体水平在不断提高，但是农民所能感受到的城乡差距并没有明显地缩小，反而有可能扩大，这与农民对教育质量需要的提升是密切相连的。

第四节 "城乡差距——农民满意度"IPA 分析

一 "IPA 交叉分析"的主要思路

在前边，我们分析了两个问题：一是，农民对当前本村社会状况的满意情况，也就是农村社会状况的当前表现；二是，农民眼中的城乡社会状况差距，即城乡统筹发展过程中农村社会治理的重点领域。

接下来，我们将对这两个问题进行交叉分析。我们的分析思路受到 IPA 分析法[①]的启发，IPA 分析法主要应用于商业领域，主要考虑三个问题：①商品和服务的本身属性，即不同功能的重要性（在模型中用纵轴来表示）；②顾客对不同商品或服务功能的满意度，即不同功能的现实表现（在模型中用横轴来表示）；③对于每种功能，分析其重要性和现实表现的关系，并据此判断它处于模型中四个象限的位置，在此基础上考虑商品和服务的改进策略。

在这里，我们对此方法进行了根本性变革，称为"交叉分析法"。虽然借用了 IPA 分析法的主要思路，但是这里的"交叉分析法"与传统 IPA 分析法之间存在着本质性区别。主要表现在：①研究对象和应用领域完全不同，我们所要分析的不是一般商品或服务问题，而是农村社会管理和服务问题。②研究目的不同，我们研究主要是为了分析城乡统筹背景下不同社会问题的解决策略，而非一般商品或服务的功能改进与完善问题。③模型中纵轴变量的属性不同，即被考查要素的属性是不一样的。我们将城乡差距作为其中一个要素来考查，重点考查某一社会问题的紧迫性，某个社会问题的城乡差距越大，意味着它越急需解决。在传统的 IPA 分析法中，只是研究消费者对商品或服务某一功能的重要性评价，而非紧迫性问题。④分析过程和研究结论不同，由于研究领域发生了重大变化，所研究问题的本质随之发生根本性改变，模型中纵轴变量的属性以及四个象限所代表的具体含义也就大不相同，所以，在研究过程中对不同类型问题的划分与定性也就不一样，最终所得结论存在根本性差异。

---

① IPA（Importance-Performance Analysis）分析法也叫"重要性—绩效表现"分析法，是由 Martilla 和 James 于 1977 年提出，最初主要用于商业销售领域的顾客分析，基本思想是顾客对产品或服务的满意感源自他们对该产品或服务各属性的重视程度，以及对各属性绩效表现程度的评价。

"交叉分析法"的具体思路如下：

第一，将所分析的交通、治安、业余生活、环境卫生、学校教育、老年生活、人际关系、农民维权等社会状况，看作农村社会治理过程中所需要解决的具体问题和公共服务对象。

第二，假设如果农民认为某种社会状况的城乡差距很大，则表明该领域应该引起我们的足够重视，它是城乡统筹发展过程中农村社会治理的重点领域。也就是说，在资源与时间有限的情况下，我们不可能在短时间内解决所有问题，只能从差距最大的问题着手做起，逐一解决。

第三，农民对本村某个具体社会状况的满意情况，也就是农民对该领域的社会状况是否满意，同样可以作为农村社会治理具体领域选择的参考依据。农民满意度低的领域，是未来需要努力提升的领域。我们需要注意：农民对不同社会状况的满意度是相对的，100%的满意率是不存在的！在前面的分析中，我们看到在所列的不同社会状况中，农民最满意的是"交通"，但是，即使是那些最"好"的村子，农民对村内道路的满意度也只有69.0%。

第四，我们把不同社会问题按照城乡差距和满意程度放在一起进行交叉对照。分别用"农民感受到的城乡差距"和"对该问题的满意度"分别当作横轴和纵轴，采用两个问题的平均值作为交叉点（原点），这样就将不同社会问题分成四种情况：感受到的城乡差距较大，满意度较低；感受到的城乡差距较小，但满意度却较低；感受到的城乡差距较大，但满意度较高；感受到的城乡差距较小，满意度较高。

第五，对于这四种不同情况，采取不同的处理策略和方法。如图4-1所示。

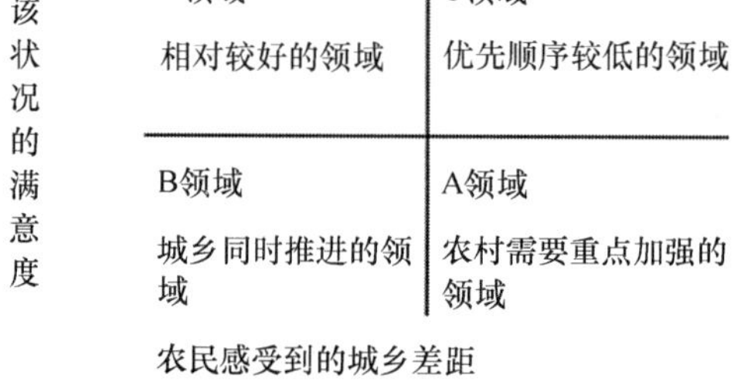

对该状况的满意度	D领域 相对较好的领域	C领域 优先顺序较低的领域
	B领域 城乡同时推进的领域	A领域 农村需要重点加强的领域

农民感受到的城乡差距

图4-1　城乡差距与满意度之间的交叉分析模型

对于第一种情况（如图 4 – 1 中 A 领域所示），农民感受到的城乡差距很大，与此同时，农民对此类问题的满意度也很低，这个领域属于农村治理过程中需要重点加强的领域。

对于第二种情况（如图 4 – 1 中 B 领域所示），农民感受到的城乡差距比较小，但农民的满意度并不高，说明这些问题在城乡之间是普遍存在的，这类问题的解决，需要城乡同时推进解决，属于城乡同时推进领域。

对于第三种情况（如图 4 – 1 中 C 领域所示），虽然农民认为这些社会问题存在比较明显的城乡差距，但是他们对目前农村状况的满意度相对比较高，这也就是意味着这种差距的存在是合理的，至少暂时是被农民所接受的，我们需要继续保持目前的状态。但随着城乡统筹发展的加速，这类问题应该放在未来考虑解决，属于优先顺序较低的领域。

对于第四种情况（如图 4 – 1 中 D 领域所示），由于农民认为这些社会问题并没有存在比较明显的城乡差距，并且他们对目前农村状况的满意度是比较高的，这就意味着这些社会问题已经得到了较好的解决，农民感受到的城乡之间差距不明显，属于相对较好的领域。

二 数据处理与结果分析

首先，我们根据调查数据，对每一个社会状况，分别计算农民认为城乡之间在这方面存在明显差距的农民所占比例（感受到的城乡差距），以及对本村这方面状况表示满意的农民所占的比例（满意度）。并将农民在不同社会状况上感受到的城乡差距作为横轴变量，将农民对几种社会状况的满意度作为纵轴变量。

其次，依照上述交叉分析的思路，找到对应的数据点，并在坐标系中描出相应的 8 个点（每种社会状况对应一个点）。

最后，在所有项目感受到的城乡差距数值的平均数（35.88%）处做横轴的垂线，在满意度的平均数（25.15%）处做纵轴的垂线，将第一象限分成四个领域。如图 4 – 2 所示：

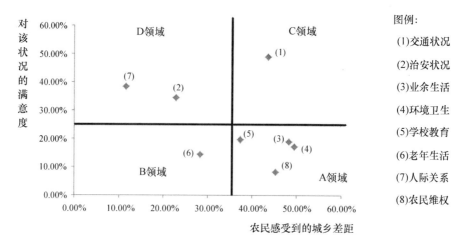

图 4-2 城乡差距与满意度之间的交叉分析结果

由图 4-2 可知，落在 A 领域的社会问题比较多，包括业余生活、环境卫生、学校教育、农民维权等四类。农民感觉到城乡之间在这些问题上存在明显的差距，对这些问题的满意度也很低。在农村社会治理过程中，需要重点关注落在这个领域的问题。

落在 B 领域的只有老年生活问题，农民感受到的城乡差距在养老问题的差距比较小，但农民对此问题的满意度很低，这也就意味着养老问题在城乡之间普遍存在，解决养老问题需要城乡同时推进。

位于 C 领域的社会状况只有交通问题。这就意味着，目前绝大多数农村的交通状况（包括村内道路和外出交通状况）是比较理想的。虽然农民认为这些交通问题存在比较明显的城乡差距，但是他们对目前农村交通状况的满意度是相对比较高的，目前的状况至少是被农民所接受的，我们需要继续保持目前的状态。但随着城乡统筹发展的加速，这类问题应该在未来加以解决和完善。

落在 D 领域的是治安问题和人际关系问题，大部分农民认为这两类社会问题并没有存在比较明显的城乡差距，他们对目前农村治安和人际关系是相对满意的，在这两个问题上，农民感受到的城乡之间差距并不明显，这两方面问题基本上得到了相对较好的解决。

三　不同状况村庄的比较

我们仍然采用上述分析工具，对三种不同类型的村庄进行了分析。结果发现，随着农村整体状况的提升，农民感受到的城乡差距在缩小，这种变化主要反映在："差村"对应的横轴垂线（40.06%）明显位于"中等村"和"好村"的右侧（33.43%和33.04%）。另外，随着农村整体状况的提升，农民对农村社会状况的满意度在提高，这种变化主要反映在："好村"对应的纵轴垂线（32.22%）明显位于"中等村"和"差村"的上方（22.31%和22.40%）。具体如图4-3所示。

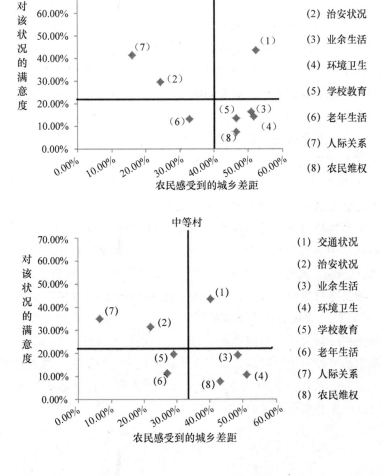

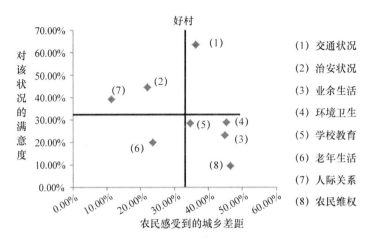

图 4 - 3   不同类型村庄交叉分析结果的对比

接下来，我们进一步对不同类型村庄结果进行对照分析。结果发现，对于不同类型村庄，不同社会问题所对应的 8 个点，基本上落在相同的领域。这说明在城乡推进社会治理过程中，不同类型村庄所面临的优先顺序较低领域、相对较好领域、城乡同时推进领域以及重点推进领域没有产生根本性变化。

唯一产生变化的是教育问题，它所对应的点是"（5）"，在考察"差村"和"好村"时，这个点均落在了 A 领域，但在考察"中等村"时，它落在了 B 领域。这意味着，对于生活在"差村"和"好村"的农民，他们更能感受到教育方面的城乡差距分别为 46.50% 和 34.76%，均高于农民对所有社会问题感受差距的平均值（40.06% 和 33.04%）。然而，对于生活在"中等村"的农民来说，他们感受到的城乡教育差距不仅在缩小（29.07%），同时也低于对所有问题感受差距的平均值（33.43%）。这与三种类型村庄农民教育关注度的变化基本相同，"差村"农民更渴望教育，"好村"农民更注重教育的质量。关于这一点，我们在前面分析农民所感受到的教育问题的城乡差距时，专门进行了解释，不再赘述。造成上述现象的另外一个原因是，该点在不同领域之间的变化，与该点更接近交叉点有关。无论是 A 领域还是 B 领域，均表明教育问题都是城乡统筹发展过程中需要重点推进的领域。

四　不同位置村庄的比较

随着地理位置的变化，不同村庄的农村在不同社会问题上感受到城乡差距是否存在变化呢？我们将距离县城或中心城镇大于25公里记为"远村"（涉及20个村庄、295个被调查者），将上述距离在5—25公里的村庄记为"中等村"（涉及50个村庄、741个被调查者），将上述距离小于5公里的村庄记为"近村"（涉及30个村庄、448个被调查者）。

我们仍然采用上述分析工具，对三类位置不同的村庄进行了分析。结果发现，随着农村地理位置的改善，农民感受到的城乡差距在缩小，这种变化主要反映在："近村"对应的横轴垂线（31.08%）明显位于"中等村"和"远村"的左侧（37.06%和40.17%）。另外，随着农村地理位置的改善，农民对农村社会状况的满意度在提高，这种变化主要反映在："近村"对应的纵轴垂线（28.95%）明显位于"中等村"和"远村"的上方（23.71%和22.99%）。具体如图4-4所示。

接下来，我们进一步对上述结果进行分析。结果发现，对于不同地理位置的村庄，不同社会问题所对应的8个点，基本上落在相同的领域。这说明在城乡推进社会治理过程中，地理不同的村庄，其所面临的优先顺序较低领域、相对较好领域、城乡同时推进领域以及重点推进领域没有产生

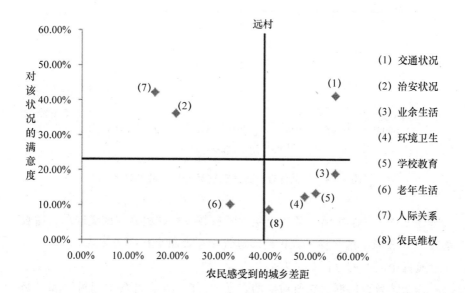

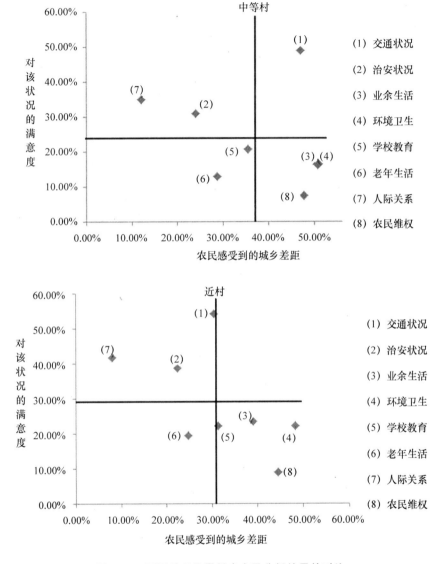

图 4 - 4   不同地理位置村庄交叉分析结果的对比

根本性变化。业余生活、环境卫生、学校教育、农民维权四类问题，主要落在了 A 领域，这些均是农村治理过程中需要重点解决的问题。

有两个问题的分析结果发生了变化：

第一，教育问题。它所对应的点是"（5）"，在考察"远村"和"近

村"时，这个点均落在了 A 领域，但在考察"中等村"时，它落在了 B
领域。这一点结论和前面的分析类似，但原因却有所不同。对于生活在
"远村""中等村""近村"的农民，他们更能感受到教育方面的城乡差
距分别为 51.19%、35.49% 和 31.47%，呈现明显降低趋势。然而，这三
类村庄农村在所有社会问题上感受城乡差距的平均值分别为 40.17%、
37.6%、31.08%，对于"中等村"来讲，在教育问题方面感受到城乡差
距，低于对所有社会问题上的平均值，对应点落在了 B 领域；而对于另
外两类村庄来讲则相反，在教育问题上感受到的城乡差距均高于对所有社
会问题的平均值，所以所对应点落在了在 B 领域。另外，该点在不同领
域之间的变化，与该点更接近交叉点有关，这只是在不同社会问题上农民
所感受到城乡差异的细微变化而已。无论是 A 领域还是 B 领域，教育问
题均是城乡统筹发展过程中需要重点推进的领域。

　　第二，交通问题。从地理位置偏的村庄到中等村庄，再到"近村"，
随着地理位置的改善，农村所能感受到的交通问题上的城乡差距在缩小
（55.59%→46.96%→30.36%），其对农村交通问题的满意度在提高
（41.19%→49.19%→54.35%）。对应的点开始从 C 领域逐步向 D 领域移
动，说明交通问题已经开始从"优先顺序较低领域"转向"相对较好
领域"。

小　　结

　　从统筹城乡发展的角度看，需要构建与当地农村经济社会发展水平相
适应的社会治理体系，破解阻碍农村发展的旧有矛盾。需要解决城乡统筹
发展中所面临的新问题，进一步加强农村基础设施和公共投入力度、实现
城乡协调发展、实现城乡公共服务的均等化配置，这是农村社会治理面临
的新背景和新任务。

　　农村社会治理具体问题的解决在很大程度上取决于城乡统筹发展程
度。要进一步构建城乡之间的对接机制，充分发挥包括农村社会组织在内
的多元化主体的积极作用。要协调各方的利益关系，实现农村社会治理行
动的协同化。要补齐农村发展的"短板"，营造良好的民主法治环境。

　　根据调查结果，当前农民最关注的农村社会问题主要有养老服务、教
育服务、土地流转法律服务及各种纠纷等。农民认为城乡之间存在较大差

距的社会问题依次是环境卫生、业余生活、权益维护、交通、教育、养老等问题。从农民对农村社会状况的满意情况来看，满意度普遍不高，农民满意度较低的问题依次是：权益维护、老年生活、环境卫生、业余生活、教育等问题。

将传统用于市场分析的 IPA 方法引入到农村社会治理领域，从城乡差距和农民满意度的角度的交叉分析入手，把农村社会治理的问题分为四个领域。A 领域是农民感受到的城乡差距相对较大且满意度较低的领域，是需要重点推进的领域；B 领域是农民感受到的城乡差距相对较小但满意度也较低的领域，是需要城乡同时推进的领域；C 领域是农民感受到的城乡差距相对较大但满意度较高的领域，是优先顺序较低的领域；D 领域是农民感受到的城乡差距相对较小且满意度较高的领域，是社会状况发展相对较好的领域。

数据分析结果表明：业余生活、环境卫生、学校教育、农民维权等问题落在了 A 领域，农民感觉在这些问题上城乡之间存在明显差距，满意度也最低，农村社会治理需要关注并重点推进这类问题的解决。养老问题落在了 B 领域，在养老问题上，农民感受到的城乡差距比较小，但是大部分农民对此问题的满意度很低，养老问题在城乡之间普遍存在，但在性质上存在差异，解决养老问题需要城乡同时推进。交通问题落在了 C 区域，虽然城乡之间存在较大差距，但是绝大多数农民对当前农村的交通状况是比较满意的，在农村所面临的众多社会问题中，其优先顺序发展较低。治安问题和人际关系问题落在了 D 区域，大部分农民认为在这两类社会问题上并不存在明显的城乡差距，对目前农村的治安状况和人际关系相对满意。

第五章 农村社会治理的整体性考察：
"五位一体"的角度

研究农村社会治理问题，除了需要考察城乡统筹发展这一大背景外，还需要把问题放在"经济—政治—文化—社会—生态"这样一个大框架中来研究。本章重点考察各种影响要素对农村社会治理的作用机理，分析农村社会治理与这些要素以及各要素之间的结构关系，以寻找解决问题的有效途径。

第一节 农村社会治理的"五位一体"研究思路

农村社会治理是一个复杂的系统工程，对它的研究需要更广阔的视野，从"五位一体"角度对农村社会治理进行分析，是一种整体性的研究思路，可以避免碎片化的研究倾向，更符合我国农村社会经济发展的实际情况。

一 研究农村社会治理需要更广阔的视野

如前所述，以往的研究更多关注的只是小治理（社会管理），而非大的社会治理。大多数研究仍然是孤立的、碎片化的。部分学者重点研究了这种碎片化问题，他们从社会管理价值取向、公共文化塑造、共同体构建、动力提升、功能开发等五个角度分析了农村社会管理问题，提出当前存在的农民主体地位弱化、公共精神结构性匮乏、社区认同渐行渐远、社会与国家间关系有待理顺、农村自主性成长有待加强等问题，严重阻碍着农村的发展。他们进一步提出，应当应一步采取渐进策略，整合相关资源，以改变原来局部、断裂、破碎、分散的状态（吴新叶，2013）。将农村社会管理本身作为一个整体系统来研究，这无疑具有很大的进步性，它使我们看清了社会管理的整貌，避免了走入"盲人摸象"的困境。

我们注意到，已经有部分研究将视角转向了农村社会管理的外部，开始关注大的社会治理问题。例如，邓大才等学者将村民自治、村治规则、法律等归结为制度研究视角，并重点探讨了农村社会管理与其他要素之间的因果关系，这些要素包括集体经济、农村宗族、农村文化、社会变迁、国家建构、农民流动等六个方面（邓大才，2012）。这些研究成果重点分析了其他要素是如何影响农村管理的，以及农村治理是如何对这些要素做出反应的，研究视野进一步拓宽。

然而，这些研究只是罗列了影响农村社会治理的几个影响要素而已，至于这些要素之间的逻辑关系，以及它们是如何影响治理主体、治理过程和治理结果的，没有更多地阐述和分析，也没有构建起一个整体性的治理框架。笔者认为，分析农村社会治理问题，需要一个更为广阔的研究视野。

（1）由于农村社会治理面临着更为广泛和复杂的外部环境，所以需要拓展原有的研究视角。前边已经分析过，农村社会治理的范畴要远远大于社会管理这个范畴，对农村社会治理的整体性研究远远不同于原来的社会管理角度的整体性研究。简单地说，农村社会管理的整体性分析，仍然处于管理目标、管理主体、管理对象、管理手段方法等层面，而农村社会治理的整体性要更加广阔和复杂，它需要调动社会各方面的资源，激发多元治理主体的活力，为达到治理的目标而形成合力。

（2）农村社会领域的问题是复杂的，这就决定了必须把农村社会治理放在一个更为综合的环境中来分析。尽管农村社会治理主要针对农村社会领域出现的问题，但是农村社会问题往往涉及经济、政治、社会、文化、生态等方方面面，推动农村社会治理水平的提升，需要综合考虑这些要素。农村社会治理往往在经济领域孕育着创新的根本动力，需要依靠政治力量的主导、精神文化的推动、社会组织的具体承载。

（3）农村社会是不断发展和进步的，这就决定了必须要把农村社会治理放在一个动态过程中来分析。随着新型城镇化步伐的加快、"四化同步"的协调发展，农村发展面临着新形势，农村社会治理也同样面临着新的外部环境，我们需要跳出农村来看农村问题，需要在城乡统筹发展的过程中寻找农村社会治理水平提升的途径和方法。

（4）农村基本社会制度是相对稳定性的，这就决定了必须把农村社会治理放在一个制度有机体中来分析。创新农村社会治理机制，需要相应的制度保障，然而，基本制度、体制和机制之间是有机统一的，体制服从于基本制度，机制受制约于体制和基本制度。农村社会治理水平的提升需要借助特定的运行机制，而机制的构造和选择，必须符合中国特色的基本社会制度，必须考虑农村经济分散经营的现实，必须考虑"乡管村治"这一现实管理体制。研究农村社会治理问题，不能脱离上述法则。这无疑增大了农村社会治理机制创新的艰难性和挑战性。

简言之，我国农村改革已进入深水区，必须从整体性上加以推进。"五位一体"的角度，为研究和分析农村社会治理问题提供了基本研究思路。

二　"五位一体"研究思路的基本内容

"五位一体"的研究角度是这样一种研究思路：它把农村社会治理放在"经济—政治—文化—社会—生态"大框架中加以研究，不仅分析农村社会治理与这些要素之间的相互影响，更注意分析各种要素之间所构成的整体性运行机理，它摒弃了传统的、孤立的、片面的、静态的分析方法。

在"五位一体"格局中，各种要素处于不同的位置和层次，并发挥着不同的作用，五个要素之间是相互制约和影响的。例如，一方面，长期以来的分散经营方式，使得农村经济面临着新的发展瓶颈，这在某种程度上需要政治组织和社会组织的推动，方可突破这一瓶颈。另一方面，农村集体经济的发展壮大，又会为村民自治、农村社会组织发展提供经济基础，为村民之间的合作和交流提供机会，为农村文化的提升提供可能。当然，农村经济发展也可能会对生态环境造成破坏，形成农村养殖业污染、生活垃圾等问题，这又对农村社会治理提出了新的任务和挑战。

再如，一个村子里如果有了一个好的"当家人"，往往会产生"能人带动"效应，农民的分散力量很容易被凝聚起来，社会组织会变得比较活跃，农村社会治理会走上良性循环的道路。在一个"拉票选举"盛行、家族势力影响较大的村庄，民主公开制度将变得异常艰难，社会组织的发育和成长几乎成为不可能，农村社会治理将成为一句空话。

从"五位一体"的角度来认识农村社会治理问题，需要围绕上述五个要素，同时推进，有所侧重，补齐短板，使之形成相互协调推进的良好局面。河北省肃宁县"四个全覆盖"经验之所以能在全国产生较大影响，一个重要的原因就是很好地利用了上述要素之间的关系，充分调动了各个治理主体的积极性，形成了合力。我们在调研过程中注意到，当地农民把基层党组织看作"主心骨"，把基层民主组织看作"顺气丸"，把经济合作组织看作"摇钱树"，把综治维稳组织看作"保护神"，这里边蕴含着相当丰富的逻辑关系。

第二节　各种要素对农村社会治理的独立影响

经济要素、政治要素、社会要素、文化要素、生态要素均会对农村社会治理产生影响，每种要素在农村社会治理过程中所发挥的作用是不同的，其对农村社会治理的影响机理是完全不同的。

一　经济要素对农村社会治理的影响

从经济要素来看，它处于基础层面。农村社会领域的矛盾和纠纷，表面上看是社会矛盾问题，但从本质来看更多的属于经济利益纠葛。

当前农村的主要矛盾纠纷主要包括以下几个方面：（1）农村土地承包经营方面的矛盾，如"新增人口无地"矛盾、承包期内随意调整土地或机动地发包不规范、土地被征用后收益太低或补偿不到位等；（2）农村收费方面的矛盾，如以兴办公益事业为名乱收费、乱批乱建宅基地收费等；（3）村级财务管理方面的矛盾，集体资金监管不严；（4）对村干部工作不满或邻里纠纷等。这些矛盾纠纷的根源往往在于经济利益和费用分担方面。

提升农村社会治理水平的动力也主要存在于经济方面，经济要素为农村社会治理提供物质保障，为农村社会组织的发育和成长提供土壤。农村社会治理需要大力发展经济、保障和改善民生，这是治本之策，这将从源头上减少社会矛盾和问题。

根据聚类分析的方法，我们对所调查的100个村庄进行了分类，根据经济、政治、社会、文化、生态环境等五个综合要素进行分类，分为"差""中等""好"三个等级，其中28个村庄的综合状况为"好"。我们发现，在这28个村庄中，有20个村庄的相对经济要素为"好"，8个村庄为"中等"，没有一个村庄的相对经济要素表现为"差"。可见，经济要素是影响农村综合治理状况的重要方面。

> 经济是进行新农村建设的根本，要整治好村容村貌，带领村民走上富裕的道路，必须发展好集体经济。（摘自 XT 村访谈记录）

XT 村是我们调查中遇到的一个村庄，该村属于城中村，虽然该村在拆迁和征地过程中出现过一些矛盾和问题，社会治安方面也不太令人满意，但是，该村拥有一定的集体经济，农村社会治理状况良好。

> 我们村有集体经济，村民可以入股，每年有一定的分红。另外，村民依靠出租房屋可以获得一定经济来源，其生活水平总体高于一般农村。该村每年都会组织三八妇女节活动，并免费组织老年人外出旅游参观。（摘自 XT 村访谈记录）

然而，当前我国农村集体经济仍然是农村的短板，农村社会治理仍然是一盘散沙。

当然，农村经济的发展有时会给农村社会治理带来某些负面影响，例如环境问题和社会管理问题。

> 我们村一带有矿业，开采矿石给某些人带来了收入，也带动了其他行业的发展，整个镇子在规划盖楼，生活水平是其他乡镇所不及的。由于发展产业，环境受到影响，环境保护成了问题，山都被开采了，污染防止却做得不到位。一些发展较好的村民都会安家到县里，家人全都搬走，户口留在村里，这给管理工作带来一些困难。（摘自 HZ 村访谈记录）

二　政治要素对农村社会治理的影响

从政治要素来看，它处于主导层面。我国农村实行村民自治制度，村民委员会是基层群众自治性组织。[1] 我国《宪法》第 111 条规定："城市

---

[1]　"村民自治"的提法始见于 1982 年修订颁布的《宪法》第 111 条规定。

和农村按居民居住地区设立的居民委员会或者村民委员会是基层群众性自治组织。居民委员会、村民委员会的主任、副主任和委员由居民选举。居民委员会、村民委员会同基层政权的相互关系由法律规定。""居民委员会、村民委员会设人民调解、治安保卫、公共卫生等委员会，办理本居住地区的公共事务和公益事业，调解民间纠纷，协助维护社会治安，并且向人民政府反映群众的意见、要求和提出建议。"

村民自治的核心内容是"四个民主"，即民主选举、民主决策、民主管理、民主监督。[①] 全面推进村民自治，就是全面推进村级民主选举、村级民主决策、村级民主管理和村级民主监督。广大农民群众直接行使民主权利，依法办理自己的事情，创造自己的幸福生活，实行自我管理、自我教育、自我服务。从"村民自治"到"四个民主"，对农村基层民主的认识越来越逐步具体、越来越完善。

笔者认为，村民自治制度的完善与否，是决定农村社会治理成败的关键性要素。村民委员会自治能否真正实现"自治"，能否真正代表群众的最根本利益，这是问题的实质和核心。

DY 村是我们调查遇到的一个普通村庄，该村虽然经济发展水平和社会状况处于中等一般水平，但是，该村干群关系融洽，政治民主处于相对较好状态，村委会一般会征求大家的意见，老百姓有了矛盾纠纷也会去找村委会解决。较好的政治环境使得该村治安状况、环境卫生状况表现良好。

> 我们村的垃圾清理有专门的人负责，一般在大清早清理。每条胡同的垃圾放在靠胡同口或放在固定的一个地方，如果某家里一次性产生了很多垃圾，那么就自己清运到河滩的垃圾场。垃圾清运的费用没有直接从老百姓身上出，由政府和村委会共同管理，俺们村的垃圾清理跟镇上是一起的。(摘自 DY 村访谈记录)

可见，政治要素对处理农村公共事务、加强农村社会治理起着重要的作用。

在我国，党组织领导下的村民自治制度无疑是影响农村社会治理的重

---

① 详见 1993 年民政部下发的《民政部关于开展村民自治示范活动的通知》。

要方面，它长期主导和影响着农村社会治理的方向和途径。村级党组织如何正确指导村民委员会的工作，如何调动广大农民的积极性、使其真正实现自治，政治要素无疑发挥着重要主导作用。

三　文化要素对农村社会治理的影响

从文化要素来看，它起着类似于灵魂的作用。狭义的文化①仅指意识形态所创造的精神财富，包括宗教、信仰、风俗习惯、道德情操、学术思想、文学艺术、科学技术、各种制度等，它排除了关于物质创造活动及其结果的部分，仅专注于精神创造活动及其结果。可见，文化是一个群体在一定时期内形成的思想、理念、行为、风俗、习惯及由这个群体整体意识所辐射出来的一切活动。

由于文化的范围过于广泛，我们将其限定在两个方面：一是精神价值层面，包括农民的价值取向和精神面貌等；二是文化生活层面，包括与阅读、娱乐、体育及其他艺术活动相关的内容。

从精神价值层面来看，农村社会治理需要有共同的价值观和共识，这是农村社会治理的凝聚力和灵魂所在。良好的文化要素能为农村社会治理提供了营养和动力。

> 我们村有着属于自己的秧歌队，每到农闲或者过年过节的时候，都会把鼓抬出来，敲上一敲，扭上一扭，而且如今他们的业务又拓展了，村里谁娶媳妇嫁女儿的都会请他们去。可以说，村民的娱乐生活是越来越充裕了，这也归功于村民日益丰裕的物质生活。（摘自 DL 村访谈记录）

从文化生活层面来看，与阅读、娱乐、体育、艺术等相关的文化生活，是人与人、人与社会、人与自然之间交流的工具，是农村社会治理的动力蕴含器，同时也是均等化背景下农村公共服务的重要方面。

当前，农村社会缺乏共同价值和公共精神，这已经严重影响了农村社会治理的进程。在家庭分户经营的模式下，面临市场经济大潮的冲击，小

---

①　文化有广义和狭义之分，广义的文化是指人类在社会历史发展过程中所创造的物质财富和精神财富的总和。本报告所指的仅是狭义角度的文化范畴。

农民思潮开始抬头，金钱崇拜主义和权利主义①盛行，农民的凝聚力日益弱化。

> 村里只有一个麻将室，不利于精神文明建设，老百姓参加集体活动的机会少，不利于集体意识的养成，文化生活单调，缩小了村民们的交际空间，不利于个人发展。（摘自 DMC 村访谈记录）

农村文化的匮乏，还表现在供求结构错位上，当前农村文化服务供给与需求之间产生了结构性错位，所提供的文化服务往往不是农民真正所需要的。

> 村里的图书馆作用发挥不大，村民们都希望学习农业科学技术培训，由村民自发组织也可以，村民们之间，或者请专业人员进行农业技术培训。（摘自 DMC 村访谈记录）

四　社会要素对农村社会治理的影响

从社会要素来看，它处于主体层面。本书对社会要素的理解主要表现在两个方面：

第一，农村社会领域的矛盾构成了农村社会治理对象的重要内容。农村社会治理的重要目标之一就是要化解各方面的矛盾和纠纷，提供有效的公共产品和服务，这些问题反映了不同村庄和农民的利益诉求。除了农业生产等经济领域的诉求外，这些利益诉求更多地表现在社会领域，比如养老、医疗、教育、治安、道路等诸多方面。农村社会领域的问题和矛盾，是农村社会治理不可回避的现实，社会领域是农村社会治理的核心领域。

> 以治安为例，"农村最常见的治安问题一般为盗窃，但案件发生后村委会不会负责的，报警后一般会不了了之，所以只·能由村民自己

---

① 权力主义主张社会要服从统治者，而社会不必要决定什么。投票和讨论通常是不被采取的，除非能使政府看起来具有民主的合法性才这样做，而这种安排仍然是置于统治者的严密控制之下。

提高警惕，否则只能自认倒霉"。（摘自 DT 村访谈记录）

第二，农村社会组织是农村社会治理的重要参与主体。农村社会矛盾的化解，需要多元主体的共同参与，农村社会组织是将分散的农民凝聚起来的重要纽带，农村社会组织的发育和成长是农村社会治理的必要条件。没有了这一主体，农村社会治理仍然走不出原来"管治"的旧套路。

当前，大多数农村存在不少民间的、非政府的社会组织，比如红白理事会、民间文化社团、专业合作社等。这些农村社会组织所涉及的领域包括经济、文化、社会等诸多方面，在推动农村经济发展、丰富农民文化生活、解决特定社会问题等方面，发挥着不可替代的作用。但是，农村社会组织的数量偏少，作用发挥不充分，大多数社会组织处于分散状态、组织性不强、凝聚力差，很难构成农村社会治理的主体，并参与到具体治理活动中来。农村社会组织不健全，已经成为农村社会治理主体缺陷的重要方面。

五　生态环境要素对农村社会治理的影响

从生态要素来看，它处于约束层面。人类活动总是在一定的环境承载范围内进行的。农业生产、农民生活，无疑会对生态环境造成影响。

> 几年前的造纸厂导致村子比较富裕，但也造成了污染。现在村内的砖场也比较红火，为私人企业，但是砖场每天排放的烟雾也比较严重。另外，村里垃圾池也很少，多数垃圾都被倒进村口的坑里了。（摘自 HCG 村访谈记录）
>
> 在村边缘堆放垃圾的现象很严重，一些养殖户，饲养牲畜和家禽等，臭味很重。（摘自 LWZ 村访谈记录）

当前，农村的生态环境正遭受前所未有的损坏，生态环境在某种程度上属于公共物品，保护生态环境、营造良好的发展空间，仅仅依靠个体的力量是无法实现的。

农村面貌提升、农村环境改善，越来越多地需要借助公共力量和农村社会治理水平的提升来解决。

第三节　各种要素的相互作用及其对农村社会治理的综合影响

一　农村社会治理过程中各种要素的相互作用

通过上述分析我们知道：五个要素会独立地对农村社会治理产生影响，是农村社会治理不可缺少的部分。

进一步的分析会发现，五个要素之间是相互作用的关系，它们之间的相互作用会形成一种合力，最终对农村社会治理产生影响。这种相互作用关系可能发生在两个要素之间，也可能发生在多个要素之间。

经济要素是一切矛盾的根源，是解决农村社会问题的决定性要素。在各种要素的相互关系中，经济要素对其他要素起着决定性作用。当前，农村落后的生产力发展水平以及分散的经营方式，使得城乡社会公共服务的不均等，农民的组织化程度偏低，民主政治缺乏有效物质基础，社会矛盾问题多发。落后的农村经济同样也使得农村文化匮乏、凝聚力差，农村发展极易走向以破坏生态环境为代价的不可持续之路。

政治要素决定着矛盾主体参与问题解决的程度，是农村社会治理的主导性要素。在各种要素的相互关系中，政治要素发挥着关键性作用。解决农村社会问题，需要群策群力，需要发挥政治要素的主导作用。良好的农村民主政治可以推动农村经济的又好又快发展，也会使得农村社会矛盾的解决变得更加顺畅。良好的农村民主政治会促进农村社会组织的健康发展，也会促进农村良好文化的形成。反过来，良好文化营养的支撑又会促进农村政治民主的发展，强化政治要素的主导作用，任何违背民主的东西，都有可能使民众不再相信政治的力量，进而破坏精神文化的价值内核，使农村社会治理面临匮乏的文化营养，社会问题的解决变得棘手。

文化要素是农村社会治理的价值性要素，它起着凝聚作用。良好的文化氛围可为农村社会治理提供营养和动力，是把各种要素联系在一起的有效黏合剂。在各种要素的相互作用中，文化要素会渗透到经济、政治、社会、环境等要素当中去，离开了文化要素，就无法将社会上的分散力量聚集起来，各种要素之间的合力作用会大打折扣。农村社会治理的过程同样也是实现共同价值认同和文化凝聚力增强的过程。没有文化的价值认同和凝聚力，就无法解决社会领域的诸多矛盾。

社会要素是农村社会治理的主体性要素，农村社会治理所要解决的矛盾和问题大多集中在社会领域。这也就意味着农村社会治理所要解决的具体问题，最终都会指向社会要素，各种要素的相互作用，最终都会指向解决社会矛盾和问题。更为重要的是，社会组织是将农民个体联系在一起的有效形式，社会要素里还蕴含着社会自组织的力量和形式，社会要素是解决农村社会治理问题的重要载体，其他要素发挥作用需要借助这个有效载体。

环境要素是农村社会治理的约束性要素，属于外在性的。农村社会治理需要解决社会领域的矛盾和问题，大多会受到环境要素的制约。生态环境问题不仅仅是人与自然之间的矛盾，它更反映了人与人之间的社会矛盾，解决生态环境问题，需要借助全社会的力量。在各种要素的相互作用中，生态要素是不容忽视的重要方面。生态环境问题的解决，需要农民共同觉悟的提高，需要形成共同的文化氛围和凝聚力。农村社会治理需要构建人与自然的良好关系，破除环境的外在约束，为农村社会发展创造良好的环境。

值得强调的是，五个要素之间的相互作用并不是对等的关系。其中，经济要素和政治要素是最为核心的要素，前者是基础性要素，后者是主导性要素。这两个要素之间的矛盾关系是农村社会的基本内容，两者在农村社会治理中所起的作用最为关键，它们与其他要素之间的关系是所有关系当中最为核心的部分。解决好经济要素和政治要素之间的相互关系以及它们与其他要素之间的相互关系，是农村社会治理的核心问题。

二　各种要素之间的卡方独立性检验

值得注意的是，上述五个要素之间的影响并非必然会发生，它们会视具体情况而发生，并且这些影响并非是单向的，而是双向影响；这些影响有强有弱、相互关联。下面我们将利用卡方检验来进一步分析这个问题。

（1）首先，我们选取了八类要素进行分析，并对每类要素进行分解、量化赋值，使其具备可操作性。

笔者根据在 100 个村庄回收的 1484 份有效问卷，再结合对 100 个村庄的实际访谈记录，围绕八个要素展开分析。这八个要素分别是：①相对经济要素，②绝对经济要素，③政治要素，④文化要素，⑤社会要素，⑥生态环境要素，⑦位置要素，⑧能人带动。

　　除上文所分析的五个要素外，我们将经济要素分为从相对和绝对两个角度进行了分解，另外，根据研究的目标，我们还增加了位置要素和能人带动要素。

　　①相对经济要素，包含两个子要素：A. 根据访谈员在调查过程中从村委会了解到的"该村经济发展水平状况"（高于一般水平、和一般水平相当、低于一般水平三种情况），逐个村庄分别赋值3、2、1分；B. 根据调查问卷中农民回答的"贵村的农民人均纯收入在县里处于什么水平"，分以上三种情况，分别赋值3、2、1分，然后计算该村所有问卷在该项上的平均值。

　　②绝对经济要素，主要是本村被调查者填写的上一年度的农民人均纯收入水平（单位元），每个村庄分别计算所有被调查者在该项上的平均值。

　　③政治要素，包括以下四个子要素：A. 根据访谈记录中所描述的该村的基层民主状况进行评分，等级分值1—3分；B. 根据问卷中，"您认为本村村委会选举过程中存在拉选票现象吗"，分别赋值1、2、3分（填写不知道者，不在统计范围），然后计算本村所有问卷在该项上的平均值；C. 根据问卷中，"您认为本村村委会选举过程中存在贿选现象吗"，分别赋值1、2、3分（填写不知道者，不在统计范围），然后计算本村所有问卷在该项上的平均值；D. 根据问卷中，该村被调查者所填写的"在土地承包过程中，老百姓的权利是否能够得到维护"，分别赋值3、2、1分，然后计算本村所有问卷在该项上的平均值。

　　④文化要素，包含两个子要素：A. 根据访谈员在调查过程中所了解到该村文体设施、业余生活、精神面貌等情况，进行打分，分好、中、差三种情况分别赋值3、2、1分；B. 根据调查问卷中农民是否选择了"业余生活"为满意项，分别赋值0分和1分，然后计算该村所有问卷在该项上的平均值。

　　⑤社会要素，包括以下两个子要素：A. 主要根据访谈记录中所描述的该村的社会治安状况、社会组织发展状况、养老医疗服务情况等进行打分，分为好、中、差三等，分别赋值3、2、1分；B. 根据调查问卷中被调查所选择的"咱们村里的治安状况如何"，分别赋值5、4、3、2、1分，然后计算本村所有问卷在该项上的平均值。

　　⑥生态环境要素，包含两个子要素：A. 根据访谈员在调查过程中所

了解到该村容村貌、绿化等情况（如垃圾箱设置情况、道路两旁植被情况等），进行打分，分好、中、差三种情况分别赋等级分值3、2、1分；B. 根据调查问卷中农民是否选择了"环境卫生"为满意项，分别赋值0分和1分，然后计算该村所有问卷在该项上的平均值。

⑦区位要素，主要根据该村距离县城的远近来确定（单位：km）。

⑧能人带动要素，根据调查问卷中农民回答"据您所知，咱们村有能够领着大家一起干的能人吗"来确定，分别赋值2分和1分（填写不知道者，不在统计范围），然后计算该村所有问卷在该项上的平均值。

（2）其次，对所有数据进行标准化处理。由于我们在分析各个要素时（包括子要素），所使用的计量单位是不统一的，有的采用的是"分值"，有的采用"元"和"公里"，并且分值的极差长度有大有小，需要进行标准化处理。标准化后的数据反映了每个数据与平均值之间标准距离（单位为1个单位标准差）。我们采用以下公式将所有数据标准化，以使数据之间具有可比性。

$$Z = \frac{x - \mu}{\delta}$$

（3）再次，按照八大类要素，对100个村庄进行八次聚类分析。为了分析方便，我们采用快速聚类法（K-均值法），指定分组数为3组。这样，每一次聚类分析，分别采用一个要素为分组标志，每一次分组，所有村庄都会获得自己所从属的组别。根据分组情况，结合每组村庄的原始数据情况，分别赋等级值3、2、1。这样每个村庄在每一个要素上都会有一个等级分值。[①]

（4）随后，采用3X3列联表卡方检验，在P=0.05的显著性水平下，对以上八个要素之间的关联性分别进行检验（共28次）。当期望频数小于5的个数大于20%时，我们采用Fisher的精确检验法。限于篇幅，将结果简化汇总如表5-1。

---

① 快速聚类法（K-均值法），这种方法将数据看成K维空间上的点，用距离作为测度个体"亲疏程度"的指标。先按照一定方法选取一批凝聚点（聚心），再让样本向最近的凝聚点凝聚，形成初始分类，然后再按最近距离原则修改不合理的分类，直到合理为止。这种方法要求事前自行给出需要聚成多少类，最终只输出唯一解。快速聚类是一个反复迭代的分类过程，在聚类过程中，样本所属的类会不断调整，直到最终稳定为止。

表 5 – 1 各要素之间的 3X3 卡方列联表关联性检验结果

要素	相对经济	绝对经济	政治	文化	社会	生态环境	位置	能人带动
相对经济		0.498	0.423	0.413	0.373	0.403	0.551	X
绝对经济	0.498		X	X	X	X	0.476	#
政治	0.423	X		0.470	0.455	0.382	X	0.328
文化	0.413	X	0.470		0.394	0.366	X	*
社会	0.373	X	0.455	0.394		0.401	X	X
生态环境	0.403	X	0.382	0.366	0.401		X	*
位置	0.551	0.476	X	X	X	X		X
能人带动	X	#	0.328	*	X	*	X	

数据来源：根据调研数据利用 SPSS 软件计算而得。

在上表中，有阿拉伯数字的部分，表示在 P 取 0.05 情况下，检验结果为拒绝 H_0 假设，接受 H_1 假设，即认为两个要素之间是非独立的，存在显著性关联，且存在显著的线性组合关系，表中的具体数值表示相关程度 Gamma 系数值；"*"表示两个要素之间虽然存在关联，但是并不存在显著的线性组合关系；"#"表示在放宽条件后两个要素之间存在显著的关联性（P = 0.10）；"X"表示检验结果为接受 H_0 假设，即认为两种要素之间不存在显著的关联性，而是存在较好的独立性。

（5）最后，结果分析。根据上述数据结果我们可以得到以下几个基本判断：

A. 与绝对经济要素相比较，相对经济要素与政治要素、文化要素、社会要素、生态环境要素之间存在显著的关联性，它与位置要素也存在较好关联性。而绝对经济要素除了与相对经济要素和位置要素之间存在较好的关联性外，与其他要素之间的关联性并不强。这说明在"五位一体"的农村社会治理体系中，经济要素尤其是经济相对发展水平，是决定农村社会治理其他方面内容的关键性要素。

B. 相对经济要素、政治要素、文化要素、社会要素、生态要素等五个要素相互之间具有显著的关联性，这也再次验证了"五位一体"同时推进的合理性。一个村庄在一个方面搞得好，往往会同时推动在其他要素的发展，五个要素之间密不可分，解决农村任何一个领域的问题，均需考虑以上五个要素之间的相互关联，需要发挥各种要素的共同作用，提升农村社会综合治理能力。

C. 位置要素只与两个经济要素（相对经济要素和绝对经济要素）之间存在显著性关联，而与其他要素之间并不存在较好的关联性。这说明，农村社会综合治理水平与位置并无较大关联性。距离县城较近的村庄，其社会综合治理水平未必高，距离县城较远的村庄，也可能在农村社会治理方面处于先进水平。

D. 能人带动要素，似乎只与政治要素有较好的显著性关联，而与其他要素关系不大。这也说明，能人带动效应可能更多的是通过政治要素对农村社会治理产生影响的。能人带动要素与绝对经济要素、与文化要素以及与生态环境要素之间，虽然也存在显著的关联性，但是并没有呈现出明显的线性组合关系。

通过分析原始数据我们发现：绝对部分村庄并不存在明显的能人带动情况，与此同时，大部分村庄的经济水平、文化水平、生态文明水平并不高。以下三种类型的村庄占了比较大的比重，它们分别是"村庄缺乏能人带动效应且绝对经济水平落后""村庄缺乏能人带动效应且文化落后""村庄缺乏能人带动效应且生态环境落后"，这使得能人带动要素与经济、文化、生态要素之间存在显著的关联性。限于数据的局限性，我们没有观察到能人带动要素与这些要素之间的显著线性组合关系，但是，随着能人要素的增强，农村社会治理的综合状况和整体水平在不断改善提升。

三　要素合力对农村社会治理的影响

农村社会治理是一项复杂的系统工程，它需要考虑经济、社会、政治、文化、生态等多方面的要素。各种要素可以对农村社会治理单独产生影响，这一点我们已经在上一节进行了分析。实际上，在本节的分析中，我们已经发现，各个要素之间是相互影响、相互关联的。那么农村社会治理水平的高与低，不仅仅取决于每个要素的好与坏，更多地会受到要素之间合力的影响。

各种要素之间所形成的合力，并非几种要素作用的简单相加，见图5-1。由于各个要素之间存着显著的关联性，这也就意味着，解决农村社会治理问题，不能简单地考虑单个要素的影响，更应考虑它们之间合力的影响，应当把农村社会治理作为一个系统工程来考虑。另外，由于各个要素本身在农村社会治理过程中所发挥的作用是不同的，要素之间相互作用的机理也存在明显的差异，这也就决定了农村社会治理是一门复杂的艺术，农村社会治理的具体成功经验往往是不可复制的。

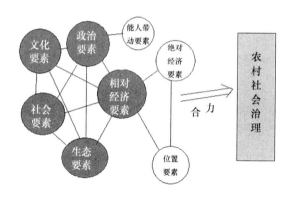

图 5-1　要素合力对农村社会治理的综合影响

在调查中我们发现，一个比较好的村庄，其在经济、政治、文化、社会、生态环境等方面基本上都是表现良好的。而一个较差的村庄，往往在诸多方面都不尽如人意。农村社会治理是各种要素共同作用的结果，破解农村社会治理难题，需要全方位、立体式地推进。

ZZ 村和 LG 村是我们在调查时发现的同一个县的两个比较典型的村庄。按照经济、政治、社会、文化、生态环境等综合要素，前者在聚类分析中被分类到"差村"，后者为"好村"，农村社会治理状况的差异表现在方方面面。表 5-2 是对这两个村庄社会治理状况的详细描述。

表 5-2　　　　　　　　　　两个村庄农村社会治理状况的比较

观察点	ZZ 村	LG 村
地理位置	距离县城 28km	距离县城 5km　紧邻国道
人口规模	312 人	4228 人
集体经济	无	"以企兴村"，河北 XX 钢铁有限公司
人均纯收入	2900 元	15867 元
收入来源	种植玉米、小麦、棉花、蔬菜	到村内企业打工，种植玉米、小麦等

续表

观察点	ZZ 村	LG 村
村委会办公室	大队形同虚设，只放了几张旧桌椅；上面发的电脑被直接拿到村支书家里了	"村民中心"运作很规范
民居	比较简陋	有线电视、互联网等"三网合一"，天然气、统一供暖，75% 太阳能。像个现代化的小城镇
村庄规划	空心村现象严重	领导班子高瞻远瞩，编制规划，整体改造，拆平建楼。河北省新民居建设示范村
村务管理	贿选、拉票现象严重，"如果你选我，每张选票多少钱"；有村内财务和村支书自家财产不分的嫌疑	召开"党员大会"和"村民代表大会"对重大问题进行充分讨论
社会治安	总体还行，去年有一户丢了两只羊，经济损失较大	五人组织成的专职巡防队，24 小时摄像头监控
教育	公办教师积极性不高；私立学校对农村教育的冲击较大	对考上大学的孩子给发 5000—20000 元的奖学金
养老	加入了新农保	加入了新农保。对困难户进行慰问，补助生活费
医疗	有加入新农合，但收费高	村集体出资为大家入了新农合，村民免费体检
健身器材	无	四个健身广场，器材齐全
文化和图书室	无	在主要街道和广场建设文化长廊宣传新风面貌。学文化学技术的人多了。累计选派 85 名学生到东北大学等委托培养
合作社发展情况	借合作社之名，引诱老头老太来存款	建立了科技信息招商平台
能人带动	无	有（村委会主任杜 XX）
矛盾纠纷解决	找村里会办事、有威望的人解决	几乎很少

续表

观察点	ZZ 村	LG 村
生态环境	一般	56 人的环卫清洁队，有专门清运车辆。村民自觉种花种树，美化环境。河北省文明生态先进村
村民反映的主要社会问题	村庄规划差；孩子上户口乱收费；财务公开栏形同虚设；计划生育不得力；免费放电影走过场；享有农村低保需要买通关系；新农合费用负担没降低	比较满意

第四节　"五位一体"的农村社会治理

各种要素之间所形成的合力，并非几种要素作用的简单相加。由于各个要素之间的相互作用是复杂的，许多影响结果是不确定的，我们只能从更一般的抽象的层面梳理一下"五位一体"视角下农村社会治理的整体思路和方案设计。

一　"五位一体"农村社会治理的要点

需要注意的一个问题是，我们在考虑农村社会治理问题时，必然要考虑治理主体、治理目标、治理手段等一些基本要素，这些问题我们会在后续的章节当中加以详细论述，在这里我们主要分析农村社会治理的整体性思路要点，并不对这些要素展开详细叙述。

结合上述分析，笔者认为"五位一体"的农村社会治理整体性思路主要涉及以下几个方面：

第一，经济、政治、文化、社会、生态环境等五个要素，在农村社会治理过程中所发挥的作用是不同的，每种要素均可独立发挥作用。

第二，必须重视要素之间相互作用及其合力会对农村社会治理产生的影响。

第三，在考察同一要素时，不同参与主体所扮演的角色是不一样的。

第四，在考察不同要素时，同一参与主体所扮演的角色也是不同的。

第五，不同要素、不同参与主体，不同角色扮演，不同的手段和方法，构成了农村社会治理的复杂面孔。

第六，一切治理手段和方法应当围绕农村社会治理的目标来展开，农村社会治理的目标是明确和固定的。

第七，各个要素需要同时推进，有所侧重，补齐短板，使之形成相互协调推进的良好局面，共同推动农村社会治理目标的实现。

第八，不同参与主体之间需要围绕治理目标达成共识，采取方向一致的行动。

笔者认为，推进农村社会治理需要沿着"民生—秩序—民主"的路径展开。民生决定着农村社会治理的具体对象和重点内容，离开了民生，农村社会治理就失去了抓手；秩序决定着农村社会治理的规则和方式，它是对农村社会治理的规范性要求，离开了秩序，治理过程就会失衡和乱套；而民主决定着农民参与农村社会治理的程度和积极性，没有民主的治理一定是没有生命力的；我们应当将三者有机结合起来，抓住民生这个重点，以秩序构建为抓手，在治理过程中提升民主水平，以循序渐进的方式推进农村社会治理工作。

在现实情况中，我们往往忽略上述要求，没有抓住民生这个重点，也没有构建应有的秩序，就盲目去搞所谓的民主，注定是要失败的。不考虑客观规律，脱离实际的民主建设必是行不通的。民主需要在农村社会治理过程中不断得以实现。

二　"五位一体"农村社会治理的一般过程

作为国家治理能力现代化的一个重要方面，农村社会治理本身就是对党和政府、社会和民众的一种综合考验，"五位一体"角度的整体性治理，是我们面临这种考验时展现出的智慧和能力。

简单地说，农村社会治理的过程就是治理主体协同行动，采用多种手段和方法，不断实现治理目标的过程。

值得强调的是，在农村社会治理过程中，五种要素均会对治理主体、治理手段、治理过程和治理目标产生影响。经济要素是根本，它主要影响不同治理主体的地位，同时也构成治理组织结构的物质基础；政治要素是主导，它同样影响到不同治理主体的地位和参与方式，现有的政治组织形式会对法制化和民主化产生较强的影响；文化要素是灵魂，它更多地发挥着凝聚各方共识、协同各方主体构建有效治理机制的作用；社会要素是主体，它影响着治理结构的社会组织形式，也构成了治理目标中需要化解的矛盾纠纷的重要方面；社会生态环境是约束，它是治理目标中所要解决好的人与自然之间关系的外部性要素。

我们注意到，国内有学者对"五位一体"进行解读，认为可以从求真、向善、臻美、启智、达圣几个方面来认识这个问题。求真就是要实事求是，遵循客观规律，坚持物质第一性，推进经济又好又快发展；向善就是要遵守道德规范，履行责任义务，尊重善待他人和自然，优化民主政治，推进法制建设，端正党风、政风，维护良好社会风气；"臻美"就是要遵循美的规律和美感，发现、欣赏、维护世界的美，创造美的环境和生活，促进文化多元发展；"启智"就是启迪智慧，创新社会治理方式，推进社会文明，促使社会管理精细化、智能化，促进社会全面发展；"达圣"就是放眼未来，以生态文明建设为立足点，促进生态平衡，实现人与自然和谐，实现绿色、协调、可持续发展（林坚，2014）。

这是从另一个角度对五个要素的诠释，实际上，在农村社会治理过程中，根本目标是为了人，治理本身也必须依靠人，最终要实现人的自由和全面发展。农村社会治理过程中，需要坚持协同、共治、民主、法治、科学、规范等基本原则。

小　　结

农村社会是不断发展和进步的，农村社会治理面临着广泛和动态的发展环境，治理本身所要解决的矛盾和问题也日益复杂。对农村社会治理的研究需要更广阔的视野，需要把它放在"经济—政治—文化—社会—生态"这样一个大框架中加以整体性的研究，避免碎片化的研究倾向。

把农村社会治理放在"经济—政治—文化—社会—生态"大框架中加以研究，不仅要分析农村社会治理与这些要素之间的相互影响，更要分析各种要素之间所构成的整体性运行机理。

在"五位一体"格局中，各种要素处于不同的位置和层次，并发挥着不同的作用，五个要素之间相互制约和影响。经济要素处于基础层面，是解决农村社会问题的决定性要素。政治要素决定着矛盾主体参与问题解决的程度，是农村社会治理的主导性要素，政治动员的力量往往会在短时间内获得成效。文化要素是灵魂，是农村社会治理的价值性要素，它起着凝聚作用。社会要素是农村社会治理的主体性要素，农村社会治理所要解决的矛盾和问题大多集中在社会领域。这也就意味着农村社会治理所要解决的具体问题最终都会指向社会要素，并且社会要素里还蕴含着社会自组织的力量和形式，是解决农村社会治理问题的重要载体。环境要素是农村社会治理的约束性要素，属于外在性要素。

五个要素之间的相互作用并不是对等的关系。其中，经济要素和政治要素是最为核心的要素。这两个要素之间的矛盾关系是农村社会的基本内容，两者在农村社会治理中所起的作用最为关键。

各种要素之间所形成的合力，并非几种要素作用的简单相加。解决农村社会治理问题，不能简单地考虑单个要素的影响，更应考虑它们之间合力的影响，把农村社会治理作为一个系统工程来考察。

数据分析表明：相对经济要素与政治要素、文化要素、社会要素、生态环境要素之间存在显著的关联性，是决定农村社会治理其他方面内容的关键性要素。五个要素相互之间同样也存在着显著的关联性，解决农村任何一个领域的问题，均需考虑以上五个要素之间的相互关联。位置要素只与两个经济要素（相对经济要素和绝对经济要素）之间存在显著性关联，而与其他要素之间并不存在较好的关联性。距离县城较近的村庄，其社会综合治理水平未必高，距离县城较远的村庄，也可能在农村社会治理方面处于先进水平。能人带动要素似乎只与政治要素有较好的显著性关联，而与其他要素关系不大。能人带动效应可能更多的是通过政治要素对农村社会治理产生影响的。

各个要素需要同时推进，有所侧重，补齐短板，形成相互协调推进的良好局面。

农村社会治理需要沿着"民生—秩序—民主"的路径推进，民生是基础，秩序是规则，民主是生命力，不考虑民生诉求，不讲规则秩序，民主就无法实现。

只有"五位一体"全方位推进，民生、秩序、民主循序推进，农村社会治理的目标才能更好地实现。

第六章 农村社会治理：目标与差距

本章从两个层次阐述农村社会治理的目标，并结合调研资料进行比照分析，重点探讨当前我国农村社会治理所存在的差距以及实现这些目标所面临的障碍。

第一节 农村社会治理机制及总体要求

一 农村社会治理机制的含义

谈到农村社会治理的一般过程，它可以理解为多元治理主体协同行动，采用多种手段和方法，不断实现治理目标的过程。

社会治理机制①是指社会治理系统各要素（治理主体、治理客体与治理环境）之间的关系以及社会治理系统功能的运作原理。它比社会治理制度、体制更微观、更具体，强调的是内在要素之间的关系和运作机理（祝丽生，2013）。因此，农村社会治理机制是与指在党委的领导下，政府统筹负责，社会组织共同合作，村民积极参与的基础上以构建社会主义和谐社会和建设社会主义新农村为目标，对农村社会各个领域和环节进行管理的过程中形成的管理格局和制度体系等。

农村社会治理机制是与农村社会治理过程紧密相连的一个概念，它是农村社会治理过程中的所有要素之间所构成的有机体系。农村社会治理机制作为一个复杂而精巧的系统，需要有一整套运转和保障措施，以更好地实现其目标。农村社会治理机制的运行，需要在以下不同要素之间寻找平衡点。

首先，农村社会治理机制需要在不同利益主体之间寻找平衡，通过民

---

① "机制"一词在现代汉语中主要指有机体的构造、功能和相互关系。

主协商，使多元主体之间就某一问题达成一致，共同推动社会问题的解决。

其次，农村社会治理机制需要在不同的方法和手段之间寻找平衡。从纵向来看，社会自治是"自上而下"的社会管理与"自下而上"的社会自治之间的有机结合；从横向来看，它又是"自外而内"的法治与"自内而外"的德治之间的综合运用（殷绍举，2011）。

最后，农村社会治理机制需要在不同时期的目标之间找到平衡。从短期来看，农村社会治理所要解决的是农村社会矛盾和纠纷等问题；从中期来看，农村社会治理所要构建相应的体制机制、激发社会组织的活力；从长期来看，农村社会治理所要追求的是社会的公平与正义，实现社会善治的常态化和长效化。可见，农村社会治理机制的目标是多层次的，它沿着"民生→秩序→民主"的路径逐层推进。

二　农村社会治理机制的基本内容

农村社会治理并不是简单的维稳，它需要最大可能地激发社会和谐要素，共同包容、求同存异、达到善治。农村社会治理机制是由若干个子机制构成的，至少应当包括以下几个方面的内容：

（1）多元参与机制。农村社会治理的参与主体主要包括乡镇政府、基层党组织、村委会、农村社会组织、农民等。多元参与不等于各个主体的简单汇总，而是要形成一种共同参与、协商民主的氛围。多元治理主体的出现，意味着农村社会治理不同于传统的社会管理。

（2）问题化解机制。农村社会治理机制需要畅通矛盾纠纷化解渠道，解决农村社会面临的现实社会问题，面向农村未来所面临的诸多问题（例如人口、土地、环境等），提出前瞻性的解决方案。当前，农村社会治理最低级的目标就是要维护社会稳定，构建农村立体化社会治安防控体系，推进平安乡镇和平安村庄建设。

（3）社会自治机制。传统的社会管理是"自上而下"的、建立在权力基础之上的模式。农村社会治理需要激发社会的自治力。村民自治、社区自治，这些均需要充分发挥应有的作用，在有效性上下功夫。

需要强化社会的自组织能力，激发农村社会组织活力，培育和发展农村专业协会类，更应该大力发展农村公益慈善组织和社区服务类组织。

（4）社会动员机制。如何把分散的农民集中起来、如何激发社会成员的参与积极性，需要有一定的动员机制和激励机制。要广泛借助无形之手（市场）、有形之手（政府）和隐形之手（社会），最大限度地动员全社会的力量，形成强大合力，推动社会治理。

（5）社会互信机制。农村治理是建立在全社会成员互信基础之上的。应当着重提高基层民主选举的公信力，提升村务公开的透明度，建立政府、社会、群众之间的信息互动机制，树立农村社会组织（如慈善机构等）应有的良好信誉。

（6）社会监督机制。从监督对象来看，基层党组织和基层政府、农村社会组织，均应置于民众的监督之下。从监督手段来看，农村社会治理需要借助制度、法律、道德的力量。建立和保证强有力的规则制度是当务之急，需要规范村"两委"职责和村务决策管理程序，完善村务监督委员会的制度，加强对权力的监督制约。

三　农村社会治理的总体要求

2012 年党的十八大报告首次提出了 21 世纪上半叶"五位一体"社会主义现代化总体布局，与此相适应的中国改革也进入"全面改革"时代。

党的十八大报告[①]围绕社会管理问题明确提出四个方面的具体要求：第一，加快形成党委领导、政府负责、社会协同、公众参与、法治保障的社会管理体制；第二，加快形成政府主导、覆盖城乡、可持续的基本公共服务体系；第三，加快形成政社分开、权责明确、依法自治的现代社会组织体制；第四，加快形成源头治理、动态管理、应急处置相结合的社会管理机制。

党的十八届三中全会公报[②]进一步提出要全面深化改革，推进国家治理体系和治理能力现代化。创新社会治理，必须着眼于维护最广大人民群众的利益，最大限度增加和谐因素，增强社会发展活力，提高社会治理水平，维护国家安全，确保人民安居乐业、社会安定有序。要改进社会治理方式，激发社会组织活力，创新有效预防和化解社会矛盾体制，健全公共安全体系。

---

① 2012 年 11 月，胡锦涛：《坚定不移沿着中国特色社会主义道路前进 为全面建成小康社会而奋斗》。

② 2013 年 11 月《中共中央关于全面深化改革若干重大问题的决定》。

2015 年的"中央一号"文件①进一步对创新和完善乡村治理机制问题作出了专门部署。在有实际需要的地方，扩大以村民小组为基本单元的村民自治试点，继续搞好以社区为基本单元的村民自治试点，探索符合各地实际的村民自治有效实现形式。进一步规范村"两委"职责和村务决策管理程序，完善村务监督委员会的制度设计，健全村务监督机制，加强对村干部行使权力的监督制约，确保监督务实管用。激发农村社会组织活力，重点培育和优先发展农村专业协会类、公益慈善类、社区服务类等社会组织。构建农村立体化社会治安防控体系，开展突出治安问题专项整治，推进平安乡镇、平安村庄建设。

笔者认为，党的十八大以来的相关文献，构建了社会管理格局和体制，提出了创新和完善农村治理机制的具体要求，为农村社会治理指明了方向。

第二节　农村社会治理面临的阻力和挑战

当前我国农村社会矛盾日益增多，社会风险大量聚积，排查和化解矛盾的难度不断增大，维持社会稳定的形势仍然严峻。随着农村社会经济的快速发展，人口流动加速，新的社会事务大量产生，管理难度不断加大。农村治理的瓶颈难以在短时期内取得突破，改革发展进入攻坚期，社会治理的任务艰巨而复杂，对照农村社会治理的目标和总体要求，我们面临着来自治理主体、治理行动、治理机制、治理手段等多方面的阻力和挑战（孙艳华、刘湘辉，2014）。

一　治理主体多元化的阻力和挑战

在当前农村社会治理主体中，基层政府和村委会起着主导作用，农民更多地处于被管理地位，其参与程度和作用发挥是极低的。农村社会组织作为多元治理主体之一，其发展也受到很大限制，成为农村社会治理的重大短板。

---

① 2015 年 1 月中共中央、国务院印发的《关于加大改革创新力度加快农业现代化建设的若干意见》。

（1）农民主体地位的弱化

在传统的农村社会管理过程中，管理主体往往是单一的，乡镇政府和村委会是管理者（"乡政村管"模式），农民作为被管理者处于被动地位。从"管理"走向"治理"，农村社会治理主体逐步走向多元化，必然要求充分调动各方面的积极性。这个多元主体既包括基层政府、村民自治组织，又包括农村社会组织和农民本身。目前，从治理主体的角度来看，走向多元化面临着巨大阻力和挑战。

> 村委会在农村社会管理中发挥着主要作用，村内大小事务基本由村委会商议、决策。当上边有啥政策时，村民代表就会被召集起来传达一下，再由他们向所在小组村民进行通知。村委会并不经常征求村民代表的意见，大多数时候是由村委会干部自行商议决策。（摘自QJW村访谈记录）

大部分被调查的农民并没有意识到自己的主体地位，有超过45.08%的被调查者认为是村干部在管理着村子，有35.45%的被调查者认为政府是管理主体，只有不到19.47%的人认为是村民自主管理着农村。另外一方面，农民自己也没有感受到自己对村内事务的影响力，只有3.84%的被调查者认为自己能够影响村里重大事情的决策。

农民之所以会产生上述认识，有着深刻的历史和现实原因。从历史上看，我国农民一直处于被管理地位。在中国漫长的封建社会，农民更多地处于皇权或中央集权的威慑之下，农民阶级一直处于被统治地位。新中国成立后，农民翻身做主，社会地位和政治地位显著提升。但在计划经济时代，"人民公社—生产大队—生产小队（组）—农民"垂直管理模式，土地收归集体所有，农民再次成为被管理对象，真正的民主一直没有建立起来。从现实角度来看，改革开放后，集体土地承包给农民分散经营，农民摆脱了原来生产管理的束缚，但是受到市场经济大潮的影响，利己主义开始盛行，分散的农民更多的只是关心自身的事情，与社会和公共管理相关事情往往被忽视。

（2）农村社会组织的不健全

在多元治理主体中，不仅农民的地位是弱化的，农村社会组织的发展也面临着较大的困境。

在农村社会治理结构中，农村社会组织发挥着重要作用。一方面，农村社会发展经验表明，分散的农民处于弱势位置，面临利益被侵害时，单个农民的力量往往是薄弱的，农村社会组织是积聚民意和表达利益诉求的有效形式，它们会通过特定方式影响政府决策。另一方面，有些问题仅仅依靠政府往往不能很好地得到解决，社会组织凭借其自身的独特优势，为民众提供一些服务和公共产品。当前应充分激发社会组织的活力，适合由社会组织提供的服务，应当交由社会组织来完成，重点发展行业协会类、科技服务类、公益慈善类、社区服务类社会组织。

然而，我国农村社会组织仍然处于萌芽和起步阶段，农村社会组织的类型单一、数量偏少、功能不完善。多为红白理事会、秧歌队等娱乐性质的民间团体，或者以生产销售为目的的合作社。

　　　　村里成立了红白理事会，由村民选出德高望重的人来管理，然后明确规定了办事的规模，避免攀比心理。统一购置了一批用具，如桌凳、碗、筷等，集体使用和管理，节约了大量成本，减轻了村民负担。（摘自 DX 村访谈记录）

为什么农村社会组织发展面临困境？我们发现以下几个值得思考的问题。

第一，对农村社会组织的思想认识仍然不到位。

农村社会组织是社会领域相对独立的组织，一般存在两种错误认识：一是，把"民间组织"等同于"无政府组织"，对社会组织持怀疑态度，害怕社会组织的发展会影响政治权威，尽可能地限制社会组织的发展。二是，把社会组织简单地等同于政府附属部门，一些社会组织"行政化"倾向比较严重。

第二，农村社会组织的公益性和营利性之间的矛盾难以解决。

农村社会组织属于非营利组织，一般会提供一些公益性服务。然而，在现实当中这种公益性很难得到有效维持。

第三，农村社会组织自我生长能力差。

农村社会组织的自我成长，需要有足够的、稳定的资金来源，需要有明确的组织定位和服务方向，需要有良好的生存土壤和发展环境，需要有较强的自我约束和自我发展能力。

当前，我国农村社会组织不仅在资金方面面临着发展困境，而且注册登记审核较严、组织定位不明确、产权不清、内部制度不健全、人才短缺，这些均在很大程度上制约着农村社会组织的进一步发展。

二　治理行动协同化的阻力和挑战

根据协同论的观点，农村社会治理系统中的各要素之间，是相互影响、相互促进的关系，它们之间既相互竞争，又相互合作，共同推动农村社会治理系统的发展。多元治理主体之间通过协商合作共同管理农村社会事务。

笔者认为，多元化治理主体价值取向的离散性，使得农村社会治理行动在协同化方面阻力重重。不同治理主体的利益追求存在偏差，短时间内又很难找到利益共同点，使得农村社会治理行动的协同性大打折扣。

（1）从农民自身来看，他们更多的是关心自身利益，对公共事务缺乏热情。

很多农民在忙着自己挣钱，对村子里的公共事务很少关心，也没有意识到自身的主体地位，类似于垃圾治理等问题，农民更倾向依赖于村委会。当问及"您认为村里的垃圾应该由谁来负责"时，有39.15%的被调查者认为应该由村委会负责，这占了相当大的比例，26.75%的被调查者认为应该由大家来共同负责，有29.38%的人则认为应该成立专门的组织来负责，剩余10.92%的人认为这个问题不好说。尽管有一部分农民已经意识到垃圾治理问题要靠大家，或者需要成立专门的组织（合计占56.13%），但他们缺乏实践层面更深层次的思考，这种主观意愿在实践参与时面临着尴尬。

集体行动缺乏个体参与的有效支持。虽然大部分农民认识到农村公共事务的解决应该依靠大家，但是实际参与情况并不理想。以垃圾治理问题为例，当问及"如果让您参与清运垃圾，您是否同意"时，有46.97%的被调查者表示愿意参与，有3.97%的被调查者明确表示反对，还有49.06%的被调查者持观望态度，表示要看情况再定。这进一步说明农民对集体行动缺乏有效响应。以下是持观望态度者的普遍心态："这个事情本来就不关我的事儿""即便我参与，未必别人也参与""参与进去对我有好处吗，没有好处是不会参与的""让我管事儿行、不愿意听从别人的指挥"。

（2）从村委会来看，它是基层民主自治的重要载体，在农村社会治理当中处于重要地位，然而，村委会工作并未获得农民的广泛支持。

由于农村人口众多，生产生活相对分散，年轻劳动力流失严重，不少村子出现"选人难""没人选""难抱团"等状况，切实代表农民利益的村干部少之又少。村委会的主要工作是"上传下达""随机管理"，缺乏开展工作的主动性和积极性，同时也缺乏从战略高度看待和解决村内公共问题的能力。

我们在调查当中发现，村委会的工作并没得到农民的广泛支持，仅有36.57%的被调查者对村委会的工作是满意的。

（3）从农村社会组织来看，它们也很难真正代表农民的切身利益。

当前，我国农村社会组织的发展受到诸多因素的限制，比如社会组织规模小、自身发展不足、参与面不广、自发性和自我成长性不足、个人依赖性较强、观念落后等。在调研过程中我们发现，农民对社会治理的参与很大程度上依赖于家族、私人关系、宗族等初级群体的影响，仍然习惯于通过个人力量而非组织力量实现参与的愿望。经济组织主要以农业经济合作社为主要形式，社会组织主要以红白理事会等为主，发展比较缓慢，它们在农村社会治理过程中也并没有发挥有效作用。

另外，农村社会组织在发展过程中，筹资渠道往往比较单一，资金来源具有很大的不稳定性，国家的资金支持非常有限。受到注册资金数量的影响，金融机构一般不愿意为社会组织提供太多贷款。资金匮乏成为制约农村社会组织进一步发展的瓶颈（门献敏，2014）。大多数农村社会组织为筹集资金而忙碌着，同时也产生了赢利与商业化的诉求，偏离了公益性的方向。一些农村社会组织主要是打着民办非企业单位的旗号，实则为实现避税之目的，农村社会组织开始出现企业化、市场化倾向。

（4）从政府层面来看，它在社会治理行动协同化方面并没有起到应有的作用。

一方面，农业税的取消使得基层政府财力普遍不足，大多为"吃饭财政"，更多为复杂的日常事务所困扰，表现为消极不作为或政绩作秀。基层政府在农村社会治理中的主导作用，并没有真正发挥出来。

另一方面，乡镇政府的眼睛主要向上看，很少关心农民需求和农村发展，更缺乏凝聚共识、谋长远发展的胆识。不少乡镇干部身在乡镇心在县城，过着"朝十晚四"的工作生活。乡镇政府很少把精力放到基层民众身上，农民与基层政权之间冲突越来越多，并呈现出对抗性的特点。

总之，农民对村庄这个共同体缺乏认同感，不同利益主体在短时间内很难对公共事务达成共识，集体行动缺乏个体参与的有效支持，农村社会治理行动在协同化方面面临巨大挑战。一个重要的原因在于多元治理主体之间缺乏共同认同的公共文化，农村社会治理在协同性方面缺乏有效的黏合剂。这使得农民在公共事务处理问题上，个体之间产生了严重的分歧，很难形成合力。

三　治理机制民主化、法治化的阻力和挑战

民主化和法治化是农村社会治理的重要方面，它是推进农村社会治理的制度性保障。没有一个好的民主制度和法治制度，农村社会治理的机制就很难运转起来。民主化和法治化的基本要求是依法治理，最大限度听取和代表农民的利益，建立和完善农村社会治理的相关法律和法规，把治理活动纳入到制度框架之内。

反观当前的农村社会治理机制，民主化和法治化进程还有很远的道路要走。这主要表现在以下几个方面：

（1）村委会选举中拉票、贿票现象严重

每逢村委会选举时期，村内的矛盾关系就日趋紧张，宗族、黑社会等各种势力会不同程度地干扰民主选举的过程和结果。

在大多数农村，被选举人请吃请喝的现象已不足为奇，花钱购买选票的现象越来越严重。在一些富裕或村集体财产较多的村庄，被选举人花费数十万元甚至几百万元贿赂选民的事情时有发生。

我们在调查过程中，通过问卷询问被调查者本村是否有"拉票现象"和"贿选现象"，结果表明，上述现象比较严重。

由表 6－1 可知，"拉票"和"贿选"问题在农村已经是一个相当严重的问题。有 67.18% 的被调查者认为本村存在"拉票"现象，其中 26.95% 认为很严重，认为不存在"拉票"现象的，仅占 13.81%；有 57.75% 的被调查者认为本村存在"贿选"现象，其中 22.98% 认为很严重，认为不存在"贿选"现象的，仅占 17.99%。

表6-1　　　　　被调查者所反映的本村"拉票"和"贿选"问题

具体问题 人数 和比例	是否存在"拉票"现象				是否存在"贿选"现象			
	存在且很严重	存在但不严重	不存在	不知道	存在且很严重	存在但不严重	不存在	不知道
人数	400	597	205	282	341	516	267	360
所占百分比（%）	26.95	40.23	13.81	19.01	22.98	34.77	17.99	24.26

数据来源：根据调查问卷数据整理而得。

我们在访谈过程中同样发现了上述问题。

> 我们村社会管理混乱，村委会成员都是以威逼利诱方式走上台，公饱私囊，以权谋私，素质差，水平低，村民老实忠厚，无法与之抗衡。（摘自 DJZ 村访谈记录）
> 谁有钱，谁给的好处多，谁当村书记呗。拼的就是家底，现在的村书记还是花了几十万元买来的。（摘自 ZST 村访谈记录）

我们通过调查发现，村委会选举的结果，往往来自村子里势力最大的那个宗族或派系。农民的权利并没有真正发挥出来，形式上的"民主选举"实质上是广大农民的"被代表"。

本次调查的调研员在永年县自己的家乡进行采访，了解到家门口的村委会选举真相，深受触动，事后她写下了以下文字：

事实上，无论村委会人员怎么调整，能够影响村委会选举的，一直都是强势家族的那几个少数人。在 ST 村，我们听到了农民对村委会选举的抱怨和建议：

> 村委会总是那么几个人，最好有新的人员调整，不然，村里的村委会成员快成一大家子了。（摘自 ST 村访谈记录）

（2）不少村委会成员成为少数人的捞钱工具，服务价值导向出现严重偏差

理论上讲，村委会是村民选举出来的代言人，应当更多为老百姓着想。然而，在不少农村，村委会的服务价值导向已经出现了重大偏差。

一方面，村委会更多成为少数人的捞钱工具。以下访谈记录所反映的问题，似乎具有一定典型代表性。

> 权利成了村委会自己获得利益的工具，我们村本来有几亩公共地，是原来分地时剩下的一点地方，后来上面种了一些树。慢慢地，树被砍了，卖成了钱；慢慢地，地也被卖了；慢慢地，无人问津了，钱也不知道哪去了。村里的人其实都明白，都落到他们手里了。（摘自 ST 村访谈记录）

另一方面，大多数村干部眼睛只盯着上边，因为他们知道，能够决定和任命干部的，不是农民，而是乡（镇）党委或乡（镇）政府。

由于行政村不属于一级政府，农村村民自治制度只是一种自我管理形式，它与基层政府的关系仍需明确和理顺。《村民委员会组织法》第五条规定：乡、民族乡、镇的人民政府对村民委员会的工作给予指导、支持和帮助，但是不得干预依法属于村民自治范围内的事项。村民委员会协助乡、民族乡、镇的人民政府开展工作。

尽管村委会与乡镇政府的关系已经有了明显规定，但是，在现实农村，村委会更多地充当着政府派出机构和代表人的角色，权大于法的现象时有发生。在这样的背景下，如何体现民意诉求和法治精神、如何创新农村社会治理机制，显得异常窘迫。

（3）在日常村务管理中，农民大多处于被动位置

在我们所走访过的村庄，尽管都不同程度地实行了村务公开制度，村内公开栏内的事项也比较齐全，但是，在日常事务管理中，农民的发言权是少之又少的。对村干部有利的事情，他们积极推动，对他们不利的事情，他们会认为很麻烦，只是被动地做，一拖再拖，甚至坑农害农。

（4）基层党组织领导下的民主自治有待进一步完善

《中华人民共和国村民委员会组织法》（1998 年颁布）第四条规定：中国共产党在农村的基层组织，按照中国共产党章程进行工作，发挥领导核心作用，领导和支持村民委员会行使职权；依照宪法和法律，支持和保障村民开展自治活动、直接行使民主权利。

在现实操作过程中，基层党组织与村民委员会之间的关系却仍然是模糊的，两者之间相互干涉的现象比较严重。大多数地方的村党支部书记一

般由乡镇基层党委指派，很少走民主程序。党支部的作用有时会取代村委会的作用，在农民眼中，一个普通的党员就等同一个村干部。

四　治理手段多样化的阻力和挑战

农村社会治理要走综合治理、系统治理的路子，要依靠行政手段、法律手段、经济手段、道德教育等多种手段。不仅要发挥政府的作用，而且要坚持依法治理，运用法治手段化解社会矛盾，强化道德约束，规范社会行为，借用现代技术手段加强农村社会治理，建立健全基层综合服务平台，及时反映和协调人民群众各方面各层次利益诉求。

然而，当前农村社会治理手段仍然是自上而下、单一的行政手段，很难适应农村社会治理的未来需要。需要根据问题和矛盾的不同类型，合理地选择有效的社会治理手段和方法。

小　　结

农村社会治理不是简单的维稳，它需要激发社会各种和谐因素，需要共同包容、求同存异，达到善治。农村社会治理机制至少应当包括以下几个子系统：多元参与机制、问题化解机制、社会自治机制、社会动员机制、社会互信机制以及社会监督机制。

党的十八大以来的相关文献，构建了社会治理格局和体制，提出了创新和完善农村治理机制的具体要求，为农村社会治理指明了方向。对照这些目标和任务，我国当前的农村社会治理至少面临以下四个方面的严峻挑战。

第一，治理主体多元化的挑战。农民主体地位的不断弱化，农村社会组织的不健全，农村社会治理主体的缺位和越位现象较为严重，治理主体多元化的格局有待进一步完善。

第二，治理行动协同化的挑战。多元治理主体之间需要通过协商合作共同管理农村社会事务。不同治理主体的利益追求存在偏差，短时间内又很难找到利益共同点，这使得农村社会治理行动的协同性大打折扣。农民对村庄这个共同体缺乏认同感，仅关心自身利益，对公共事务缺乏热情。村委会的工作大多处于被动位置，集体行动缺乏个体参与的有效支持，农村社会组织难以真正参与到农村社会治理过程中来，政府在协调各方利益和行动方面并未发挥足够的作用。

第三，治理机制民主化、法治化的挑战。民主化和法治化是推进农村社会治理的制度性保障。当前，村委会选举中拉票、贿票现象较为严重。不少村委会成为捞钱的工具，价值导向出现严重偏差。农民在日常村务管理中大多处于被动位置。村民民主自治制度有待进一步完善，农村的民主化和法治化进程任重而道远。

第四，治理手段多样化的挑战。当前农村社会治理手段仍然是自上而下、单一的行政手段，很难适应农村社会治理需要。必须根据问题和矛盾的不同类型，选择有效的多样化的治理手段和方法。

第七章　农村社会治理及其创新：
农民的需求与逻辑

农村社会治理的目标是要解决农民所关心的切身利益问题，治理的出发点和落脚点应当是以人为本，治理机制要能够激发农民的积极性，治理过程需要有农民的广泛参与，治理手段要能为广大农民所认可。

本章主要研究以下几个问题：在农村社会治理过程中，农民认为最重要的社会问题有哪些？不同组别的农民对这些社会问题的重要性评价是否存在明显差异？在城乡统筹背景下，哪些农村社会状况急需改善，农民对本村的社会状况的满意情况如何？农民解决这些问题的内在逻辑是什么？

第一节　农民认为最重要的社会问题

随着农村社会经济的发展以及城镇化进程的加快，农民所关注的社会问题在不断发生变化，并具有新的内涵。我们按照问题性质将农村社会问题分为以下几类：纠纷调解、文体活动、治安防范、妇女计生、环境卫生、教育服务、养老服务、社会救助、污染防治、权益维护及其他。之所以这样划分，是为了更好地了解农民对不同社会问题的重要性评价。

一　农民对不同社会问题的重要性评价

在调查问卷中，我们要求被调查者从以上 11 类社会问题中，按照重要性程度（从高到低）选出他们认为最重要的 4 类问题。统计结果如表 7-1 所示。

通过表 7-1 可以清楚地看出，从所选择的排在第 1 位重要的问题来看，在农民心目当中，最重要的几个社会问题依次为：养老服务、教育服务、环境卫生、纠纷调解、文体活动、权益维护。

表 7 - 1　农民对不同类型社会问题重要性的评价（第 1 位选择结果）

社会问题类型	纠纷调解	文体活动	治安防范	妇女计生	环境卫生	教育服务
认为重要的人数	129	118	56	38	142	395
所占比例（%）	8.69	7.95	3.77	2.56	9.57	26.62

表 7 - 1（续）

社会问题类型	养老服务	社会救助	污染防治	权益维护	其他	合计
认为重要的人数	397	45	59	101	4	1484
所占比例（%）	26.75	3.03	3.98	6.81	0.27	100

数据来源：根据调研问卷数据计算而得。

从所选择的排在前 4 位重要的问题来看，农民对农村社会问题的重要性给出了大致相同的选择，最重要的几个社会问题依次为：养老服务、教育服务、环境卫生、权益维护、纠纷调解、文体活动（见表 7 - 2）。

表 7 - 2　农民对不同类型社会问题重要性的评价（第 1—4 位选择结果）

社会问题类型	纠纷调解	文体活动	治安防范	妇女计生	环境卫生	教育服务
认为重要的人数	521	495	366	268	824	923
所占比例（%）	35.11	33.36	24.66	18.06	55.53	62.20

表 7 - 2（续）

社会问题类型	养老服务	社会救助	污染防治	权益维护	其他	合计
认为重要的人数	977	453	433	574	102	5936
所占比例（%）	65.84	30.53	29.18	38.68	6.85	100

数据来源：根据调研问卷数据计算而得。

值得说明的是，无论从所选择的排在第 1 位重要问题的来看，还是从所选择的排在前 4 位重要的问题来看，最重要的几个社会问题完全相同，其排列顺序也基本上相同（只是权益维护所在位置略有变动）。之所以产生上述认识和看法，与当前农村社会发展形势密切相关。

二　不同类型农民对社会问题重要性评价的比较

（1）分组标志选择与显著性差异结果

在分析了农民对不同农村社会问题的重要性的总体认识后，我们接下来研究不同组别农民在其所评价的具体社会问题上是否存在差异。根据前面的分析结果，无论是研究农民选择的排在第 1 位重要的社会问题，还是研究他们选择的排在前 4 位重要的社会问题，农民对不同社会问题重要性的评价基本相同。我们在接下来的分析中，只研究农民在所选择的重要程度排第 1 位的社会问题上的评价差异。

首先，选择了不同分组标志。选择农民个体标志作为分组标志，主要包括性别、年龄、婚姻状况、教育程度、政治面貌、人均收入等。其中：按照性别将所有农民分为男女两组；按照年龄将农民分为三组（1. 青年 0—35 岁；2. 中年 36—60 岁；3. 老年大于 60 岁）；按照婚姻状况分为两组（1. 未婚；2. 已婚，包括个别离异和丧偶的情况[①]）；按照教育程度将农民分为四组（1. 小学及以下；2. 初中；3. 高中或中专；4. 大专及以上）；按照政治面貌分为两组（1. 党员，含中共党员和民主党派[②]；2. 群众）；按照人均收入将农民分为三组（1. 低收入 5000 元及以下；2. 中等收入 5000—10000 元；3. 高收入 10000 元以上）。

其次，设定检验变量。我们将 11 类社会问题的重要性评价设定为检验变量，如果农民将某个社会问题列入首位重要的位置，则记数为"1"，否则记为"0"。

最后，选择检验方法。考虑到所检验的变量为非连续变量，所采用非参数检验的方法，我们想知道在某个社会问题上，不同组别农民对其重要性评价是否存在明显差异。如果存在差异，要进一步对各组之间的差异进行两两比较。根据研究目的需要，我们选择 Jonckheere-Terpstra 检验法。

在 SPSS 软件中选择非参数检验，采用 K 个独立样本检验，将农民对 11 个社会问题的重要性评价作为检验因素，选择其中的一个分组标志作为分组变量，然后进行数据处理。

---

①　离异和丧偶的人数太少，缺乏代表性，我们将其与已婚进行了合并处理。

②　由于民主党派人数太少仅为 5 人，样本容量太小，数据代表性差，我们在分析问题时，将其与中共党员合并在一起。

比如，我们选择"性别"作为分组标志，处理结果如表7-3所示。

表7-3　　**不同性别农民对社会问题重要评价的 Jonckheere-Terpstra**
非参数检验结果*

	纠纷调解	文体活动	治安防范	妇女计生	环境卫生	教育服务
按性别分组中的水平数	2	2	2	2	2	2
N	1484	1484	1484	1484	1484	1484
J-T 观察统计量	275814.000	269606.000	274616.000	280714.000	274584.000	288260.000
J-T 统计量均值	275120.000	275120.000	275120.000	275120.000	275120.000	275120.000
J-T 统计量的标准差	4026.614	3866.712	2723.539	2257.623	4204.322	6316.667
标准 J-T 统计量	0.172	-1.426	-0.185	2.478	-0.127	2.080
渐近显著性（双侧）	0.863	0.154	0.853	0.013	0.899	0.038

表7-3（续）

	养老服务	社会救助	污染防治	权益维护	其他
按性别分组中的水平数	2	2	2	2	2
N	1484	1484	1484	1484	1484
J-T 观察统计量	266724.000	275828.000	274960.000	270130.000	275084.000
J-T 统计量均值	275120.000	275120.000	275120.000	275120.000	275120.000
J-T 统计量的标准差	6326.821	2450.824	2792.601	3599.542	741.031
标准 J-T 统计量	-1.327	0.289	-0.057	-1.386	-0.049
渐近显著性（双侧）	0.184	0.773	0.954	0.166	0.961

* 分组变量：按性别分组。

从表7-3可以看出，根据性别将农民分为两组，在显著性水平为0.05时，分别考察两组农民对11个社会问题重要性评价，两组农民在妇女计生、教育服务的评价存在明显差异，检验变量（妇女计生）的df值为0.013，小于0.05；同理，从性别角度来看，两组农民在教育服务问题上的重要性评价也存在明显差异，其df值为0.038，也小于0.05。此时需要拒绝 H_0 原始假设，即认为两组农民之间在这些社会问题上态度是不一致的。

除了妇女计生和教育服务问题外，从性别角度来看，农民在其他9个社会问题上存在着基本一致的重要性评价，均未表现明显差异。

　　根据同样的方法，我们可以选择其他变量为作为分组标志，分别分析在不同的分组情况下，不同组别农民在 11 个社会问题上重要性评价的差异。限于篇幅，我们不再逐一列出详细结果，只是将检验结果汇总如下（见表 7-4）。

　　通过表 7-4 可以看出，对于不同社会问题，重要性评价存在显著性差异的具体表现是不同的。对于纠纷调解问题，按照年龄分组或按照教育程度分组，其重要性评价存在显著性差异；对于文体活动问题，按照年龄分组或按照教育程度分组，其重要性评价也存在显著性差异；而对于治安防范问题，按照年龄分组或按照教育程度分组，其重要性评价存在显著性差异；对于文体活动问题，按照年龄分组、按照婚姻状况分组或按照政治面貌分组，其重要性评价存在显著性差异；对于妇女计生问题，按照性别分组或按人均收入分组，重要性评价存在显著性差异；对于环境卫生问题，仅按照教育程度分组，其重要性评价存在显著性差异；对于教育服务问题，按照性别、年龄、婚姻状况、教育程度分别分组，其重要性评价存在显著性差异；对于养老服务问题，按照年龄、婚姻状况、教育程度、政治面貌分别分组，其重要性评价存在显著性差异；对于社会救助问题和污染防治问题，无论选择上述哪个分组标志，其重要性评价均不存在显著性差异；对于权益维护问题，按照年龄、婚姻状况、人均纯收入分别分组，其重要性评价均存在显著性差异。

表 7-4　　　　　　不同分组情况下农民对社会问题重要性评价
Jonckheere-Terpstra 非参数检验结果汇总

分组标志 （组数） 检验变量	按性别分组 （2）	按年龄分组 （3）	按婚姻状况 分组（2）	按教育程度 分组（4）	按政治面貌 分组（2）	按人均收入 分组（3）
纠纷调解		X		X		
文体活动		X		X		
治安防范		X	X		X	
妇女计生	X					X
环境卫生				X		
教育服务	X	X	X	X		
养老服务		X	X	X	X	

续表

分组标志（组数）检验变量	按性别分组（2）	按年龄分组（3）	按婚姻状况分组（2）	按教育程度分组（4）	按政治面貌分组（2）	按人均收入分组（3）
社会救助						
污染防治						
权益维护	X		X			X
其他						

数据来源：（1）根据 SPSS 软件处理结果整理而得；（2）"X"表示在该分组情况下，不同组农民在社会问题上的重要性评价不一致，存在显著性差异。

接下来，我们会分析在不同分组情况下，不同组别的农民对不同社会问题的重要性评价是存在差异的。

（2）不同性别农民对社会问题重要性评价的比较

从性别角度来看，不同性别的农民对不同社会问题重要性评价的差异主要表现在"妇女计生"和"教育服务"两类问题上。

进一步研究发现：女性更加关注妇女计生问题，重要度①为 3.55%，而男性对此问题的重要度仅为 1.52%，差异显著，这说明"妇女计生"问题更多涉及了女性的利益。

从"教育服务"来看，女性的重要度为 28.95%，男性为 24.17%，女性农民对教育问题的重要度远远高于男性。

（3）不同年龄农民对社会问题重要性评价的比较

从年龄来看，不同年龄组农民在众多社会问题上的重要性评价均存在明显差异，这些社会问题主要包括：纠纷调解、文体活动、治安防范、教育服务、养老服务、权益维护等 6 类。

不同年龄组农民对纠纷调解的重要性评价差异主要表现在 60 岁以上老年组农民对此问题的重要度很低，仅为 1.55%，而 36—60 岁的中年组农民对此问题的重要度为 8.39%，0—35 岁的青年组农民的重要度为 10.39%。这说明随着年龄的增加人们对纠纷调解问题的重要度在下降，尤其是到了老年阶段下降更为明显。

---

① 重要度反映了选择该问题为首位重要问题的农民所占比重，采用了这样的计算方法：选择该问题作为首要重要问题的人数除以本组总人数。

对文体活动的重要度差异同样来自老年人与其他两组的重要度差距，老年人对文体活动的重要度仅为 4.65%，而中年组和青年组分别分 7.24% 和 9.34%，这同样说明，随着年龄的增加农民对文体活动越来越少，尤其是到了老年阶段，重要度有了明显下降。

对治安防范问题的重要度差异同样来青年组与其他两组农民之间的差异。有 4.97% 的青年组农民将治安防范作为自己首选的重要性社会问题，但是仅有 2.89% 和 2.33% 的中年组和老年组农民将此问题列为首要关注的问题，这说明治安防范更多地受到了青年人的关注。

对教育服务问题的差异，主要表现在青年人和中年人具有较高的重要度，分别为 34.19% 和 22.58%，而老年人的重要度仅为 9.30%，主要原因是青年组农民大多具有较强教育需求，中青组农民更多关注子女教育问题。

对养老服务的不同关注，主要表现在老年组农民具有较高的重要度，高达 64.34%，而中年组和青年组的数据分别为 33.57% 和 12.35%，可见年龄与对养老服务重要度之间是正比关系，将近 2/3 的老年组农民将养老服务列为其所关注的最主要问题。

对权益维护问题的重要度来看，老年组农民是最低的，仅为 1.55%，而中年组和青年组农民对此问题的重要度分别为 5.93% 和 8.73%，老年组农民很少关注权益维护问题是与老年人更少参与社会经济活动密切相关的。

（4）不同婚姻状况农民对社会问题重要性评价的比较

从婚姻状况来看，两组农民在以下四类社会问题上存在着明显的重要性评价差异。这四类社会问题是：治安防范、教育服务、养老服务、权益维护。

对于治安防范问题，未婚农民给予了较高的关注，为 7.14%，已婚农民认为治安防范问题为首位重要的人数只占该组人数的 2.89%。原因在于已婚农民具有较好的社会安全感，而未婚农民多为单身，更缺乏社会安全，另外未婚者为青年人，他们也更多关注了治安防范问题。除了表中数据，我们注意到，在未婚农民当中，如果年龄超过了 25 岁，其对治安防范问题的重要度明显下降，在 46 名农民当中，只有 2 名农民将其列位首要重要问题，重要度仅为 4.35%，这说明这一部分农民对治安防范问题的重要度有所下降，但仍然高于已婚者。重要度的下降是婚姻状况和年龄因素的共同作用结果。

对于教育服务问题，未婚农民具有较高的重要度，为 32.14%，已婚农民的重要度为 25.17%。未婚农民对教育问题的关注更多源于他们大多数处于青年阶段，甚至处于求学阶段，对教育问题具有较高重要度也是容易理解的。除了表中数据，我们注意到，在未婚农民当中，如果年龄超过了 25 岁，其对教育服务的重要度明显下降，在 46 名农民当中，只有 6 名农民将教育服务列位首要重要问题，重要度仅为 13.04%，这说明这一部分农民对教育服务是很少关心的，主要原因在于他们既不再接受教育，也没有结婚生子，无须考虑这些问题。同时，由于已婚农民需要关注子女的教育问题，所以已婚农民的重要度要比 25 岁以上未婚者的重要度明显提升。

对于养老服务问题，已婚农民具有明显高的重要度，为 30.02%，未婚农民仅为 14.29%，这也就意味着，已经结婚的农民要比未婚的农民（多为年轻人）更多地关注养老问题。除了表中数据，我们注意到，在未婚农民当中，如果年龄超过了 25 岁，其对养老服务的重要度明显上升，在 46 名农民当中，共有 13 名农民将养老服务列位首要重要问题，重要度上升为 28.26%，已经接近已婚者的选择。这说明这一部分未婚者对养老服务的重要度明显高于其他未婚者（青年人），随着年龄的增加，对养老服务的重要度在提升，这已经影响到了婚姻状况与养老服务重要度之间的关系变化。

对于权益维护问题，未婚农民（多为青年人）给予更高的关注，关注率为 9.42%，而已婚农民对此类问题的重要度仅为 2.12%，这与未婚农民缺乏普遍安全是密切相关的。除了表中数据，我们注意到，在未婚农民当中，如果年龄超过了 25 岁，其对权益维护的重要度并没有明显变化，在 46 名农民当中，有 5 名农民将权益维护列位首要重要问题，重要度为 10.87%，略高于未婚者中 25 岁以下年龄组的选择。从未婚农民的角度来看，其对权益维护问题的重要度，没有受到年龄因素的过多干扰。

值得说明的是，由于被调查者中几乎没有离异和丧偶的情况，这也就使得我们无法直接观察到婚姻状况对社会问题重要度的直接影响。考虑到未婚者多为青年人的现实状况，从婚姻状况角度对问题分析主要受到了年龄状况的影响。

（5）不同学历农民对社会问题重要性评价的比较

从学历来看，不同年龄组农民在众多社会问题上的重要性评价均存在明显差异，这些社会问题主要包括：纠纷调解、文体活动、环境卫生、教育服务、养老服务等五类。

对于纠纷调解问题的重要度，高学历者普遍低于低学历者，两个最低学历组农民的重要度均为 10.34%，而大专及以上农民对该问题的重要度仅为 5.49%。这意味着，高学历者能够更好地驾驭纠纷调解问题，对他们来讲并不是非常重要的棘手问题。

对于文体活动问题，学历越高，其重要度越高。最低学历组农民的重要度仅为 3.83%，而最高学历组农民的重要度高达 10.59%。对文体活动的关注明显受到学历状况的影响。

对于环境卫生问题的重要度，与上面文体活动问题类似，学历越高，对环境卫生问题的重要度越高。最低学历组的重要度为 7.28%，最高学历组的重要度上升到 14.90%。随着学历水平的提高，其对环境卫生问题的重要度在上升。

对教育问题的关注，与对环境卫生和文体活动的关注具有相同的规律。即随着学历水平的提高，对教育问题的重要度在上升。最低学历组对该问题的重要度为 11.88%，而最高学历组的重要度上升到 26.62%。

对养老服务问题的关注，与刚才的问题不同，但与对纠纷调解问题的变化规律类似。随着学历水平的提高，对养老服务问题的重要度在下降。最低学历组对养老服务的重要度高达 49.04%，而高中学历组和大专及以上学历组对此问题的重要度仅为 15.88% 和 18.04%。学历的提高，会开拓农民的视野，降低其对养老服务的关注。

我们注意到，随着高学历者大多数为青年人，年龄和教育程度之间存在一定负相关关系（spearman 相关系数为 - 0.469）。我们从学历角度对问题的分析与从年龄角度对问题的分析其结果具有极高的相似性。

（6）不同政治面貌农民对社会问题重要性评价的比较

从政治面貌来看，不同组别的农民在以下两类社会问题上存在着明显的重要性评价差异：治安防范、养老服务。

　　对于治安防范问题党员（含中共党员和民主党派①）具有较高的重要度，分别为6.29％和20％，综合起来是6.67％。而一般群众对此问题的重要度仅为3.37％。政治面貌对此类问题重要度的影响是显而易见的。

　　对于养老服务问题的重要度，存在着相同的结论。中共党员和民主党派对此类问题的重要度，分别为40％和36.57％，综合起来是36.67％。而一般群众对此问题的重要度为25.38％。

　　（7）不同收入水平农民对社会问题重要性评价的比较

　　从收入水平来看，人均收入不同的农民在以下两类社会问题上存在着明显的重要性评价差异：妇女计生、权益维护。

　　通过分析表7－4可以发现，随着人均纯收入的增加，农民对妇女计生问题的重要度在提高，从低收入组的1.85％提高到高收入组的4.62％。

　　对于权益维护问题的关注，存在同样情况。农民对此问题的重要度，从低收入组的5.65％，上升到高收入组的10.40％。

第二节　农民解决社会问题的逻辑

　　从农民的角度来看，如何改善农村社会状况？在实际生活中，农民是如何解决相应社会问题的？这些都是我们在研究农村社会治理时必须考虑的问题。农民解决社会问题的逻辑和思路，是研究农村社会治理问题的起点，研究农村社会治理问题，必须考虑农民这一重要主体，考虑他们在解决相关社会问题时的态度和行动。

一　农民认为最难解决的社会问题

　　在调查问卷中，我们要求被调查者从不同社会管理问题中，按照难易程度（从高到低）选出他们认为最难解决的4类问题。统计结果如表7－5和表7－6所示。

---

　　① 由于民主党派人数仅为5人，样本容量太小，代表性差，在分析问题时，我们将其与中共党员合并在一起。

表 7 - 5　　　　农民对不同类型社会问题难易程度的评价

（第 1 位选择结果）

社会问题类型	纠纷调解	文体活动	治安防范	妇女计生	环境卫生	教育服务
认为重要的人数	245	86	57	44	162	165
所占比例（%）	16.51	5.80	3.84	2.96	10.92	11.12
社会问题类型	养老服务	社会救助	污染防治	权益维护	其他	合计
认为重要的人数	283	88	169	173	12	1484
所占比例（%）	19.07	5.93	11.39	11.66	0.80	100

数据来源：根据调研问卷数据计算而得。

表 7 - 6　　　　农民对不同类型社会问题难易程度的评价

（第 1—4 位选择结果）

社会问题类型	纠纷调解	文体活动	治安防范	妇女计生	环境卫生	教育服务
认为重要的人数	674	430	284	300	787	707
所占比例（%）	45.42	28.98	19.14	20.22	53.03	47.64
社会问题类型	养老服务	社会救助	污染防治	权益维护	其他	合计
认为重要的人数	844	475	624	639	172	5936
所占比例（%）	56.87	32.01	42.05	43.06	11.58	100

数据来源：根据调研问卷数据计算而得。

从排在第 1 位困难的问题来看，农民对农村社会问题的难易程度给出了排名。在农民心目当中，最难解决的几个社会管理问题为：养老服务、纠纷调解、权益维护、污染防治、教育服务、环境卫生。

从所选择的排在前 4 位困难的问题来看，农民对农村社会问题的难易程度也给出了选择：养老服务、环境卫生、教育服务、纠纷调解、权益维护、污染防治。两种方法所选出的六个最难解决的社会问题完全相同，排列顺序也大致相同（只是环境卫生和教育服务所在的位置变化较大）。

将上述难易程度评价数据与前面第一节关于重要性程度评价的数据相对比，我们会发现以下四个值得注意的问题：

第一，重要性评价和难易程度评价之间存在很高的相关性。几乎所有被认为重要的社会问题，都是比较难解决的（如养老服务、教育服务、环境卫生、权益维护、纠纷调解等）。

第二，无论是重要性评价，还是难易程度评价，养老问题都排在了首位。环境问题和教育问题紧随其后，也得到较高的关注，被认为是比较重要和较难解决的问题。

第三，农民对文体活动的重要性评价比较高，但对其难易程度评价并不高。这意味着农民认为解决文体活动问题的困难程度要低一些，文体活动并非很棘手的问题。

第四，农民对污染防治的重要性评价不高，但对其困难性程度评价较高。这意味着，农民普遍认为污染防治对自己的影响并不是很大，只是一个很难解决的社会问题。

之所以产生上述认识和看法，与当前农村社会发展形势密切相关。

值得说明的是，但凡社会事务都具有一定的公共性，在农民心目当中，这些公共问题具体应由谁负责呢？

在调查中，面对"民生保障类""基础设施类""公共服务类""矛盾纠纷类""民主政治类"等几种不同的社会事务，几乎所有的农民都认为，政府和村委会应当承担主要责任。我们所得到的具有代表性说法是：

> 这些事情应该由政府和村里负责嘛！但是，像健身器材等一些设施的日常维护问题，可以由村民自己负责；村民还可以成立专门组织来解决村民之间的矛盾纠纷，在特殊时期比如过年过节时，村民们可以组织起来维护村里的治安。（摘自 MY 村访谈记录）

可见，在农民心目当中，政府和村委会是农村社会治理的主要责任主体，农民处于从属地位，主要发挥配合作用。

实际上，我们还可以对上述问题进行更深入的分析。有些农村社会治理问题是典型的公共物品（或服务）问题，有些则是典型的外部性问题。由于不同社会问题存在本质差异，它们的治理逻辑和治理方式是完全不同的。例如：（1）教育问题是典型的公共物品或服务问题，当前，农村教育日益受到政府、家庭和社会的多方关注，政府的主导和资金投入是解决问题的主要途径。然而，面对农村优质教育资源匮乏、学生上学不方便等问题，我们需要创新工作方式才能把问题解决好。（2）养老服务同样属于典型的公共物品或服务问题，虽然政府在不断加大对城乡居民养老保险的投入，但是，在短时间内，农民对家庭养老的依赖是不可避免的。如何寻求更多资金支持、创新方式、为农民提供有效的养老服务，需要在社会治理过程中寻求答案。（3）环境卫生问题属于典型的外部性问题，需要各方合力才能破解，主要是解决好谁来组织、谁来出资、谁来参与等众多现实问题。（4）权益维护和纠纷调解等问题的性质截然不同，只涉及少数几个当事人，它是农民最关注的社会问题之一，解决这类公共秩序类问题需要在"私下调解"和"司法途径"之间寻找平衡，以最有效的方式达到最公平的结果。在接下来的分析中，我们将分别分析面临几个典型的社会问题的时候，农民所表现出来的不同行为逻辑。

二 农民视角的公共服务问题解决——以教育和养老为例

教育服务和养老服务之所以受到农民的广泛关注，主要有两个方面的原因：一是，它们均涉及农民的切身利益。比如，教育问题关乎下一代，养老问题则关乎自己的未来；二是，政府在这方面的投入相对匮乏或者非均衡，农民对此普遍感到不满意。如前所述，教育问题落在了"城乡差距——农民满意度"交叉分析的 D 领域（城乡差距大、满意度极低），养老问题落在了 C 领域（城乡差距虽不大，但满意度极低）。对于教育和养老这两类公共物品（或服务），农民表现出了对政府的更多期待。

（1）关于教育问题

在调查中我们发现，农村教育问题比较突出。

教育支出是村民的主要支出，一般有几个孩子的家庭，负担孩子的教育费用往往比较吃力。近几年，村内孩子的提早不上学现象比较多，一般是初中或高中毕业便出去工作。一方面的原因是上学的费用比较高，另一方面是大学就业压力的问题，还有就是部分孩子存在极度厌学心理。（ZY 村访谈记录）

目前，许多农村学校"撤点并校"，农村孩子上学越来越不方便。手头儿稍微宽松点儿的农民开始把孩子送到城里读书，由于进到公办学校读书受到户籍条件等限制，他们就选择把孩子送到本地较好的私立学校就读。政府对农村教育不仅仅是加大投入的问题，更多的是如何提供优质教育资源和实现城乡教育均衡发展的问题。

（2）关于养老问题

我国从 2009 年 8 月开展"新农保"试点，到 2012 年，已经基本实现了全覆盖，河北省城乡居民养老保险率高达 95.32%。① 然而，我国目前的"新农保"制度更多的是一种惠民政策，具有较浓的福利色彩，保障效果欠佳。比如，按照现行规定，60 周岁以上农民每月可以领取 55 岁基础养老金（2015 年增加到 70 元），这对于广大农民来讲，尤其是低收入群体，确实是不小的一项收入。然而，如果想依靠这些养老金解决养老问题，是远远不够的。

> 农民还是养儿防老，虽然大家都加入新农保了，但并没真正明白其意义，随大流现象严重。新农合也参加了，但报销方面还是有问题，不是所有时候都能报，不是所有药都能报。（摘自 DJZ 村访谈记录）

农民对家庭养老和土地保障的依赖会在长期内存在，应当进一步整合政府、社会、家庭和个人的力量，为农民提供必要的养老资金支撑，并提供有效的、针对性的养老服务。

在调查过程中，我们通过问卷形式，试图了解被调查对象在养老服务方面的态度。当问及"您认为当前农村老年人面临的主要问题是什么（可多选）"时，农民给出了如下回答（见表 7-7）。

表 7-7　　　　　　　农民认为农村老人所面临的主要问题

态度＼具体问题	没有钱	子女不孝	孤独	不能自理	其他
赞同的人数	844	458	773	419	40

---

① 《河北实现新农保制度全覆盖》：《农民日报》2013 年 1 月 4 日第 1 版。

续表

具体问题 态度	没有钱	子女不孝	孤独	不能自理	其他
占总人数的比例（％）	56.87	30.86	52.09	28.23	2.70

数据来源：根据调查问卷数据分组后计算而得。

农民最担心的问题是步入老年后经济收入会降低和孤独感会上升，认为"没有钱"是农村老年人所面临的主要问题的人数占到了 56.87%，认为农村老人会很孤独的被调查者占到了 52.09%。可见，进一步夯实农民养老的物质基础、降低老年人的孤独感、提高其物质文化生活水平，是未来农村养老服务工作的重点内容。

养老不能完全靠政府，需要调动和发挥农民自身的积极主动性，国内不少地区开展了农民互助养老工作①，并取得了较好成效。例如，河北省肥乡县的"互助幸福院"在解决农村老人养老方面，取得了较好经验，为全国趟出了路子，作出了表率。民政部专门下发指导性意见，在全国倡导此种养老模式。在此次百村调查中，我们以"互助养老幸福小院"为例，询问了被调查者关于这种养老模式的态度，主要涉及以下两个问题："如果在农村建立老年人的互助养老幸福小院你是否同意""你是否愿意成为组织者"（见表 7-8）。

表 7-8　　　　　　农民对"互助养老幸福小院"的态度

具体问题 态度	是否赞同建立			是否愿意参与和成为组织者			
	赞同	反对	说不清	参与，愿成为组织者	参与，不愿成为组织者	不参与	说不好或未表态
选择人数	1136	61	287	552	425	454	53
占总人数的比例（％）	76.55	4.11	19.34	37.20	28.64	30.59	3.57

数据来源：根据调查问卷数据分组后计算而得。

由表 7-8 可知，大部分农民对建立"互助养老幸福小院"表现出了浓厚兴趣，有 76.55% 的农民表示赞同，反对者只占 4.11%。有 65.84%

———————

① 《河北农村建"互助幸福院"解决"空巢老人"养老困境》：http://news.xinhuanet.com/society/2011-11/25/c_111193380.htm。

的农民愿意参与其中，其中37.20%的被调查者具有承担组织者角色的愿望。这表明，依靠互助合作形式来解决农民的养老问题，具有较好的民意基础。

经过分组数据显著性分析（过程略），我们发现以下几个结论：

第一，相对于青年人而言，中年人更加担心步入老年以后的经济收入问题。

第二，相对于老年人，青年人和中年人更愿意成为"互助养老幸福小院"的组织者。

第三，相对于女性而言，男性更愿意成为"互助养老幸福小院"的组织者。

第四，相对于已婚者，未婚者（含离异和丧偶者）更加担心老年以后的孤独问题，他们更愿意成为"互助养老幸福小院"的组织者。

第五，相对于高学历者而言，低学历者（主要是初中学历者）更加担心老年以后的经济收入问题，但是他们却对以后的孤独问题的担心相对较少。

第六，随着学历水平的提高，愿意成为"互助养老幸福小院"组织者的人数在明显增加。

第七，相对于中高收入组的农民来讲，低收入组的农民更加担心"没有钱"的问题。高收入组的农民更多关心"孤独"问题，以及其他问题。在是否赞同建议"互助养老幸福小院"和是否愿意成为组织者的态度上，不同收入水平的农民之间没有表现出明显差异。一个不太明显的规律是，高收入组的农民更倾向于赞同互助养老模式，但不愿意成为组织者。

第八，相对于群众而言，党员（含民主党派）比较少地担心未来的经济收入问题，他们更加赞同建立"互助养老幸福小院"，并更加愿意成为组织者。

三　农民参与公共事务的态度和方式——以垃圾清运为例

（1）垃圾治理问题在农村社会治理过程中的典型性

之所以选择垃圾治理问题，主要考虑了它在农村社会治理过程中所具有的典型性。

农村社会治理主要解决的是农村社会公共领域的问题，包括道路硬化与维护、绿化、环境污染、治安、垃圾清除等。这些公共领域的问题具有较强的外部性。外部性这个概念源于经济学，主要指私人边际收益与社会边际收益、私人边际成本与社会边际成本不一致的现象。[①] 外部性产生的主要原因包括共有变量、产权模糊、市场组织成本、财政因素等方面。解决外部性问题不能依靠市场机制，此时市场是失灵的，经济学家给出了以下解决方案：征税或补贴、管制、合并企业、产权界定、制度安排等。如果我们把外部性问题扩展到社会管理领域同样适用。

垃圾治理问题从表面上看仅仅是个环境问题，但本质上却是一个典型的外部性问题，需要多元治理主体共同参与才能解决。垃圾问题本身是由个体生产生活活动所引起的，其社会成本明显高于私人成本，个体具有较强的产生垃圾而不愿处理垃圾的经济动机。垃圾治理问题不仅影响了村容村貌，更易引发邻里之间的矛盾与纠纷。

从解决问题的手段来看，市场、行政、法律等手段均是失效或低效的，社会治理多元主体的参与是必要的。市场收费机制由于"搭便车"现象的存在而失效，行政管制和法律诉讼等手段由于"成本太高"而效果太差。解决此类问题大多需要多主体的共同参与，激发相关主体的动力，建立高效有序、协同互动的运行机制。

从费用分担和收益分配角度来看，此类问题的解决往往需要社会治理手段。前面所述诸如道路硬化、绿化、环保、治安等公共问题，面临着共同的成本和收益问题，即个体缺乏付费动机、收益却是无形的、大家可以共享的。当前，在政府投入有限、农民缺乏付费意愿的情况下，如何创新社会管理模式，显得更为重要。

在第五章我们已经分析过，根据调研数据，我们采用卡方检验的方法，分别检验了环境卫生要素与其他几个要素之间的独立性。结果说明环境卫生要素与经济、社会、政治、文化、能人带动等要素之间存在着较强的关联性，解决环境卫生问题，需要各种要素共同发挥作用，提升综合治理能力。垃圾治理问题是一个典型的农村社会治理问题，又一次得到了验证。

（2）农民的参与态度：赞同者和观望者多，反对者少，大多不愿承担组织者角色

在分析农村社会治理所面临的阻力和挑战时，我们已经介绍过，面临

---

① 刘新华等：《西方经济学概论》，上海财经大学出版社 2008 年版，第 187 页。

类似于垃圾清运这样的社会公共事务，不愿意参加的农民很少。具有参与意愿和持观望态度的农民很多，其中，具有参与意愿的农民占46.97%，持观望态度的农民占49.06%，持两种态度农民的所占比例共占96.03%。可见，农民参与热情并不算低。

> 我觉得我们村垃圾清理问题处理得不好，村委会应该重视这件事，尤其是夏天，可以成立一个社会组织，让大家共同清理，保护环境。（摘 DZ 村访谈记录）

然而，当我们进一步分析时，发现这样一个问题：大多数农民不愿成为组织者。这也意味着，较高的参与热情并不一定能带来较高的参与率，缺乏有效的组织者这个问题开始显现出来。

当问及"如果您决定参与垃圾清运，是否愿意成为组织者"时，被调查者给出了不同选择。

由表7-9可知，在愿意参与以及持观望态度的被调查者当中，分别有318人和112人愿意成为组织者，占组内人数的比例分别为45.62%和15.38%，占所有被调查者的比例分别为21.43%和7.55%。这说明尽管有相当一部分农民决定参与垃圾治理活动，但愿意成为组织者的人数并不多，持"不愿意"或"说不好"态度的被调查者，占相当大的比例。在调查中我们还发现，相当一部分人认为农民是很难拧成一股劲儿的，这也从另一个方面说明在农村社会治理过程当中，把分散的农民组织起来是一件很困难的事情。

表7-9　　农民关于"是否愿意参与垃圾清运"以及"是否愿意成为组织者"的态度

相关态度		人数	占组内人数的比例（%）	占所有被调查者的比例（%）	小计（%）
愿意参与	愿意成为组织者	318	45.62	21.43	46.97
	不愿意成为组织者	151	21.66	10.18	
	说不好	228	32.72	15.36	

续表

相关态度		人数	占组内人数的比例（%）	占所有被调查者的比例（%）	小计（%）
说不好是否参与	愿意成为组织者	112	15.38	7.55	49.06
	不愿意成为组织者	189	25.96	12.74	
	说不好	427	58.66	28.77	
不愿意参与	不愿意成为组织者	59	/	3.97	3.97
合　计		1484	/	100	100

数据来源：根据调研数据整理而得。

接下来，利用 Kruskal-Wallis 非参数检验（两两比较），显著性水平 P 取 0.10，分析在某一分组标志下，各组之间数据是否存在显著性差异（过程略）。经过对比分析，我们发现以下几个结论：

第一，对于不同年龄组的农民来讲，在"是否愿意参与垃圾清运"和"是否愿意成为组织者"两个问题上，其态度均不存在显著性差异。老年组农民的"参与意愿"和"组织意愿"相对较低，这与前面分析的"互助养老幸福小院"问题类似。但是，这种差异并不明显。

第二，相对于女性而言，男性更愿意参与"垃圾清运"工作，但在是否愿意成为组织者问题上，这种差异表现得并不明显。这一规律与前面所分析的"互助养老幸福小院"问题基本类似，但又有所不同。（在"互助养老幸福小院"问题上，男性的"参与意愿"和"组织意愿"均高于女性，但在"参与意愿"上表现得不显著，在"组织意愿"上表现显著。）

第三，相对于已婚者，未婚者（含离异和丧偶者）更愿意参与"垃圾清运"工作，这种差异比较明显，而在"组织意愿"方面，虽然未婚者同样高于已婚者，但差异并不明显。这一规律与前面所分析的"互助养老幸福小院"问题基本类似，但又有所不同。（在"互助养老幸福小院"问题上，未婚者的"参与意愿"和"组织意愿"同样都高于已婚者，但在"参与意愿"上表现不显著，在"组织意愿"上表现显著。）

第四，随着学历水平的提高，愿意成为"垃圾清运"组织者的人数在明显增加，但在"参与意愿"问题上，各组之间的差异并不明显。这一规律与前面分析的"互助养老幸福小院"问题完全相同。

第五，从按人均纯收入分组的角度来看，不同收入水平的农民"参与意愿"和"组织者意愿"并没有显著性差异。这与前面分析的"互助养老幸福小院"问题很相似。一个不太明显的规律是，高收入组的农民参与意愿较强，但愿意成为组织者的愿意相对较低。

第六，相对于群众而言，党员（含民主党派）更加愿意参与"垃圾清运"问题，也更加愿意成为组织者，表现出来的差异都很明显。这一规律与前面分析的"互助养老幸福小院"问题完全相同。

总体来看，无论公共服务问题还是公共事务问题，在农村社会治理过程中，那些具有较强"参与意愿"和较强"组织意愿"的农民是治理活动的潜在积极力量，其群体画像可描述为："中青年""男性""未婚""高学历""党员"，他们是农村社会治理的重要主体，在他们身上汇集着农村社会治理的潜在力量。

（3）农民对参与方式的选择：包容性和复杂性

在具有参与意愿的 697 名被调查者当中，我们提供了"只出劳力""只出资金""出资金或出劳力都行""其他方式"等四个选项。调查结果显示，有 62.98% 具有参与意愿的被调查者，选择了"出资金或出劳力都行"，农民在具体参与方式方面存在较强的包容性，这为农村社会治理具体运行方式的选择问题提供了足够空间（见表 7-10）。

表 7-10　　具有参与意愿的农民对具体参与方式的选择结果

参与方式	只出劳力	只出资金	两者均可	其他方式	合计
人　　数	100	86	439	72	697
所占百分比（%）	14.35	12.34	62.98	10.33	100

数据来源：根据调研数据整理而得。

我们注意到，有 14.35% 和 12.34% 的被调查者选择了单一的参与方式，这无疑增加了农村社会治理的复杂性，尽管这一部分群体所占比例不大，但往往会成为推进农村社会治理的主要障碍。

　　垃圾清运？垃圾还是谁制造谁处理吧。（摘自 LWZ 村访谈记录）
　　让我们集资进行垃圾清运？不可能！不可能！农民不会出自己的钱。

想出资，但是根本就实现不了，我们害怕钱白白地打了水漂，同时我们也担心公平问题，会不会有的出钱多，有的出钱少，除非上面（政府）出钱。

有可能集资，但是不好实现，因为不是所有的人都有自觉性，大家都为了省事把垃圾倒在自己家近的地方。（摘自 TL 村访谈记录）

我是一个会计，我觉得像垃圾清运这样的问题，如果让每家每户出个十块八块的大家都没意见。但是，如果是修路这样的问题，需要的钱不是个小数目，让他们每家出五六百，是有点困难的。（摘自 ZST 村访谈记录）

但是，在一些农村社会状况较好，农民收入水平可能一般，却也会表现出比较强的集资意愿。

让大家集资修路、搞绿化或者进行垃圾清运，我们完全赞同，没有任何反对意见。现在大家都有钱了，都想让自己的日子过得舒坦一点，都想营造一个良好的居住环境，都想自己家门口铺上油亮的马路，路边栽上乘凉的大树，不是城里人，胜似城里人，只要有带头人，大家都会响应的。（摘自 XL 村访谈记录）

虽然我国农村社会治理的多元化包括基层政府、村民自治组织、农村社会组织和农民等多方面。但是，从政府层面来看，农业税的取消使得基层政府财力普遍不足，大多为"吃饭财政"，更多为复杂的日常事务所困扰，表现为消极不作为或政绩作秀。从村民自治组织和农村社会组织来看，由于农村人口众多，相对分散，年轻劳动力流失严重，不少村子出现"选人难""没人选""难抱团"等状况，切实代表农民利益的自治组织以及解决社会问题为目的的社会组织，很难形成和发展。从农民个体来看，分散的经营方式、公共理念的匮乏，使得他们很难真正参与进来。

四　农民解决矛盾纠纷类问题的逻辑

刚才所分析的垃圾清理问题，更多是一种社会参与问题，它需要农民的共同参与，构建有效的"组织形式"，以破解农民"被动参与""积极性不足""凝聚力不够"等问题。这类社会治理问题是"外生性"的，它更多迫于外部环境或组织动员的要求。

农村社会治理除了涉及上述社会公共事务类问题外，还有一类比较典型的问题，即公共秩序类问题，比如矛盾纠纷调解、权益维护等。与刚才的问题有所不同，矛盾纠纷问题不需要大家的共同参与，它只涉及两个或少数几个主体。农民面对这种问题一般"主动应对"，而不是"被动参与"。当农民遇到利益冲突时，他们需要寻求当事人之间都能接受的解决方案，以化解矛盾纠纷，在更大程度上达到公平满意的结果。"矛盾纠纷"等类型的社会治理问题是"内生性"的，它更多是出于破解自身与他人矛盾的需要，同时也具有较强的"维稳性"目的。

我们在前面的分析中提到，DL 村上游的水闸长期无人修理，当遇到洪涝灾害时，他们如何处理呢？

> 洪涝时，村民们会挖水沟向低处排水，而地势最低的地方，需要自己用抽水机排水。干旱时，为了争水经常发生恶性事件，有时是个人之间，有时是村子和村子之间。村民们盼望着政府和村委会解决这些问题。(摘自 DL 村访谈记录)

根据前面的分析，有 8.69% 和 6.81% 的被调查者将"矛盾纠纷"和"权益维护"问题作为最重要的社会问题，排在了所有问题的前列（分别为第四和第六位）。有 45.35% 的农民认为"百姓维权难"是城乡差距的主要表现，排在所有问题的第三位。仅有 8.22% 的被调查者对本村"农民维权状况"表示满意，排在所有问题的最后（第九位）。有 16.51% 和 11.66% 的被调查者认为"纠纷调解"和"权益维护"是最难解决的社会问题，排在所有问题的第二位和第三位，"矛盾纠纷"和"权益维护"已经成为农村社会治理不可回避的重要问题。

在调查过程中，我们除了从重要性、城乡差距、困难性等角度了解农民的相关态度和认知以外，我们还试图进一步了解农民解决矛盾纠纷的方式和逻辑。当问及"当你面临邻里纠纷时，一般会怎么解决"时，被调查者给出如下回答。

由表 7-11 可知，农民在面临矛盾纠纷时更倾向于寻找中间人来协调，这样的情况占 42.32%；其次，他们会选择通过村委会来解决问题，占 31.40%，选择双方协商解决问题的农民占 29.78%。仅有 5.53% 的被调查者选择司法途径解决问题。1.48%的被调查者选择其他方式,主要是"吵架""冷战不说话""找民事调解员或帮大哥"等。

表 7 - 11 农民解决矛盾纠纷的具体方式

解决方式	双方协商	找中间人协调	找村委会	打官司	其他
选择人数	442	628	466	82	22
所占百分比	29.78%	42.32%	31.40%	5.53%	1.48%

数据来源:根据调研数据整理而得。

有了纠纷,就不说话了,还调解什么呀!(摘自 TXH 村访谈记录)

过去村里有了纠纷都是找村里德高望重的老人进行调解,而现在大家都是找政府、找村委会,最后实在不行了才会找公安,大家法律意识都在提高,再也没有打架斗殴的事件发生了。(摘自 XL 村访谈记录)

我们家因为环境卫生问题,前两天就引发矛盾了,有人说把这拍下来发到农民频道去,原来苏老三还管这些村里的事,但现在也不管了吧,也不知道有没有用。(摘自 NJ 村访谈记录)

接下来,我们分别按照年龄、性别、婚姻状况、教育程度、政治面貌等为分组标志,在不同分组情况下分析矛盾纠纷解决方式在各组之间的差异。利用 Kruskal-Wallis 非参数检验(两两比较),显著性水平 P 取 0.10,分析在某一分组标志下,各组之间数据是否存在显著性差异(过程略)。经过对比分析,我们发现以下几个结论:

第一,对于不同年龄组的农民来讲,"青年组"农民更倾向于选择"中间人协调"方式,而随着年龄的增大,选择通过"找村委会"解决的方式的人会增多。

第二,从性别角度来看,男性和女性均都倾向于"找中间人协调"的方式,没有表现出明显差异。但是,从排在第二位的角度方式来看,女性更倾向于"双方协商"方式,男性更倾向于"找村委会"解决的方式。

第三,从婚姻状况角度来看,未婚者(含离异和丧偶者)和已婚者在选择"找中间人协调"方式方面,没有表现出明显差异。但是,从排在第二位的角度方式来看，未婚者更倾向于"双方协商"方式，已婚者更倾向于"找村委会"解决的方式。

第四，从教育程度来看，"大专及以上"学历组，在选择"找村委会"协调方式方面，人数比例明显减少。这从一个侧面说明，大专及以上学历的人群对村委会的认同感是偏低的。

第五，从人均纯收入角度来看，高收入组农民，在选择"找中间人协调"方式方面，相对人数明显增加。与此同时他们在选择"找村委会"协调方式方面，相对人数明显减少。这说明，高收入群体对村委会的认同感普遍较低。另外，中等收入群体选择"打官司"方式的相对人数略高于低收入和高收入群体。

第六，从政治面貌来看，不同政治面貌的被调查者，其矛盾纠纷解决方式没有存在明显差异。

小　　结

农村社会治理要解决农民所关心的切身利益问题，其出发点和落脚点应当是以人为本。

从重要性评价来看，无论从所选择的排在第 1 位重要的社会问题来看，还是从所选择的排在前 4 位重要的社会问题来看，农民心目当中最重要的几个社会问题完全相同，分别为养老服务、教育服务、环境卫生、纠纷调解、文体活动、权益维护。

从难易程度评价来看，无论从所选择的排在第 1 位最难解决的社会问题来看，还是从所选择的排在前 4 位最难解决的社会问题来看，在农民心目当中最难解决的几个社会管理问题为：养老服务、纠纷调解、权益维护、污染防治、教育服务、环境卫生。

调查数据显示：农民对不同社会问题的重要性评价和难易程度评价之间存在很高的相关性。几乎所有被认为重要的社会问题，都是比较难以解决的。无论是重要性评价，还是难易程度评价，养老问题都排在了首位。环境问题和教育问题紧随其后。农民对文体活动的重要性评价比较高，但对其难易程度评价并不高。农民对污染防治的重要性评价不高，但对其困难性程度评价较高。

农民解决不同性质农村社会问题的逻辑是不同的：教育问题是典型的

公共物品或服务问题，当前，农村教育日益受到政府、家庭和社会的多方关注，政府的主导和资金投入是解决问题的主要途径。然而，面对农村优质教育资源匮乏、学生上学不方便等问题，政府不仅仅要加大对农村教育的投入，更应该为农村提供优质的教育资源、实现城乡教育均衡发展。养老服务同样属于典型的公共物品或服务问题，虽然政府在不断加大对城乡居民养老保险的投入，但是，在短时间内，农民对家庭养老的依赖是不可避免的。在是否赞同成立"互助养老幸福小院"以及是否愿意成为组织者等态度上，按照收入水平、年龄、学历水平、政治面貌分别分组后，我们观察到了不同组别农民所存在的态度差异。

垃圾清运问题属于典型的公共事务问题，它表面上是环境问题，但本质上却属于典型的外部性问题，需要多元治理主体共同参与才能解决，它需要各方合力才能破解。在这类问题上，农民当中赞同者和观望者居多，反对者较少，但大多不愿意承担组织者的角色，其具体参与方式是复杂的，具有较强的包容性。

无论公共服务问题还是公共事务问题，在农村社会治理过程中，那些具有较强"参与意愿"和较强"组织意愿"的农民是治理活动的潜在积极力量，其群体画像可描述为："中青年""男性""未婚""高学历"、"党员"，他们是农村社会治理的重要主体，在他们身上汇集着农村社会治理的潜在力量。

矛盾纠纷类社会问题与上述问题性质不同，农民解决问题的逻辑也会有所不同。这类问题一般只涉及少数几个当事人，农民会在"私下调解"和"司法途径"之间寻找平衡，以最有效的方式达到最公平的结果。大多数农民在面临矛盾纠纷时更多倾向于找中间人来协调。青年人更愿意"找中间人协调"，中老年农民更愿意选择"找村委会"的方式。"大专及以上"学历的农民在选择"找村委会"协调方式方面明显较少。高收入组的农民同样也不愿意更多选择"找村委会"协调解决的方式。

第八章 农村社会治理及其创新：主体培育与发展

在农村社会治理过程中，治理主体尤为关键，它关系到社会治理的方向、力度和效果。如何调动农民参与社会治理的积极性，如何将分散的农民组织起来，如何处理好多元治理主体之间的关系，这是农村社会治理过程中不可回避的现实问题，是创新治理理念的重要方面，也是创新治理体制机制的基础，其紧迫性和重要性显而易见。

第一节 农村社会治理主体的职责与角色

20 世纪 80 年代初期，我国开始大规模的"撤社建乡"工作，实行"村民自治"的管理模式，逐渐形成了"乡政村治"的治理格局。在这种治理格局中，既有国家政权的影响，又有各种社会组织力量的参与，呈现出典型的"有国家、有社会"的特征（徐勇、朱国云，2013）。最近几年，随着农村社会治理主体的日益多元化，国家逐渐从微观层面淡出农村社会治理领域（仅停留在宏观层面），微观领域的治理任务逐步被各种社会组织所承接。

农村社会治理的主体主要包括：基层政府和村两委、农民、农村社会组织等。它们在农村社会治理过程中承担着不同角色、发挥着不同职能。这也就意味着它们在治理过程中所拥有的权力和发挥的作用是不同的。

一 乡镇党委政府及村两委：引导者和凝聚者

《中国共产党农村基层组织工作条例》（中发〔1999〕5 号）规定，乡镇党委的主要职责包括：（1）贯彻执行党的路线方针政策和上级党组织及本乡镇党员代表大会（党员大会）的决议；（2）讨论决定本乡镇经济建设和社会发展中的重大问题，需由乡镇政权机关或集体经济组织决定的问题，由乡镇政权机关或集体经济组织依照法律和有关规定做出决定；（3）领导乡镇政权机关和群众组织，支持和保证这些机关和组织依照国家法律法规及各自章程充分行使职权；（4）加强乡镇党委自身建设和以党支部为核心的村级组织建设；（5）按照干部管理权限，负责对干部的教育、培养、选拔和监督工作，协助管理上级有关部门驻乡镇单位的干部；（6）领导本乡镇的社会主义民主法制建设和精神文明建设，做好社会治安综合治理及计划生育工作。乡镇党委组织在农村社区治理中发挥领导核心作用，它不仅是党的路线方针政策的贯彻落实者，更是基层干部的管理者；它不仅对自身建设负有责任，更对乡镇群众组织和村组组织建设负有责任；它对本乡镇经济建设和社会发展中的重大问题负有直接决策责任。

乡镇政府是国家最基层的政权机关和最基本的独立行政单元，是贯彻和执行国家政策的最后一级政府，发挥着"上联国家、下接乡村社会"的独特纽带作用。乡镇政府的职能主要包括社会事务管理职能、发展经济职能、公共服务职能等。主要包括：（1）贯彻和执行上级政府的各项方针政策；（2）加强综合社会治理，维护社会稳定，妥善处理各种突发性群体事件，调节处理各种利益矛盾纠纷；（3）根据农村社会发展的需要，组织制定和推动落实经村民认可的乡规民约，构建农村和谐社会，为村民自治创造有利环境和条件等；（4）组织制定本乡镇的产业发展规划，为产业结构调整提供指导，营造良好投资环境，加大招商引资力度；（5）引导和推动农村经济合作组织的发展，提高农村生产的组织化程度；（6）加强信息服务，促进农业新技术的推广，关注和推动本乡镇农产品的市场衔接；（7）农村基础设施建设，普及义务教育，落实计划生育政策，发展农村卫生、文化、社会保障等事业，为农民提供基础社会公共服务，努力实现向公共服务型政府的转变。

在我国开始实施村民自治制度之后，"村两委"（村党支部和村民委员会）已经成为农村社会治理的"实然"主体，它们是国家和政府在农村的代理人，是政务的推行者和村务的管理者。

村民自治是农民政治参与的重要形式，同时也是农民参与农村社会治理的重要途径。针对农村发展的重大问题，定期召开村民代表大会；围绕相关问题的具体环节，通过"听证会""恳谈会"等多种形式，充分听取

农民的意见和建议，让农民有地方说话、敢于说话，这不仅仅是农民政治
参与的表现，更是农民参与社会治理的关键所在。

　　"村两委"虽然不是国家政权组织，但实际上却发挥着类似国家政权
组织的作用。村党支部是中国共产党的基层组织，起着战斗堡垒的作用，
它是农村社会治理的凝聚者和模范带动者。根据1998年中共中央办公厅
和国务院发布的《关于在农村普遍实行村务公开和民主管理制度的通知》
的要求，凡属于村务管理的重大事项或者农民关注的热点、难点问题，在
提交村民会议或村民代表会议讨论之前，应首先由党支部召开党员代表大
会进行讨论。

　　村民委员会是由村民选举产生的、由村民自我管理、自我教育、自我
服务的基层群众性自治组织。根据《中华人民共和国村民委员会组织法》
村委会实行民主选举、民主决策、民主管理、民主监督。村民委员会主要
办理本村的公共事务和公益事业，调解民间纠纷，协助维护社会治安，向
人民政府反映村民的意见、要求和提出建议。可见，村委会在某种程度上
是国家相关政策的具体执行者，是广大村民的代言人和组织者，它不仅是
农村社会治理的重要主体，同时也构成了农村社会治理过程中民主机制的
重要载体。

　　总之，乡镇党委政府与"村两委"是农村社会治理的引导者和凝聚
者，这既是国家相关政策和法规的具体体现，也是现实农村社会治理良性
运行的客观要求。

二　农民个体：参与者和实践者

　　多元主体的多中心合作治理模式是我国农村社会治理未来的基本趋
向，它应当以公共利益与公共责任为联结纽带，以政府为主导，以农民为
主体。农民参与在农村社会治理过程中发挥着不可替代的重要作用。

　　农民主体性表现在农民的实践主体和价值主体两个方面。陈义平等学
者将社会治理的目标确定为二维："共治"和"善治"，前者为实践目标，
后者为价值目标。笔者认为，从"共治"这个实践目标来看，农村社会
治理需要充分发挥和依靠各种社会力量来完成，离开了农民这一实践主
体，是不可能实现的。另外，农村社会治理需要通过各方主体的共同参
与，实现社会公共利益的最大化，达到农村社会的"善治"。从"善治"
这个价值目标来看，它涉及广大农民的切身利益，农民的价值主体地位已

经充分体现出来。

农村社会治理必须为了农民、依靠农民。政府作为主导者只是外因，农民的参与和行动才是真正的内因，只有农民把社会治理当成自己的事儿，政府的政策和投入才能收到良好的效果。如果农村社会治理不能体现和维护农民的利益，仅仅把社会治理看作政府强加给农民的任务，农民只能成为局外人或被动的执行者，农村社会治理只能流于形式而归于失败。

农民参与在农村社会治理过程中发挥着重要作用：

第一，农民参与是农村社会治理的基本力量，直接影响着社会治理的成败。农村社会治理依赖于农民的广泛参与，只有充分调动农民的主动性和创造性，充分发挥农民作为农村社会治理主体的作用，农村社会治理才有坚实的社会基础。

第二，农民参与可以促进治理主体的自发性成长。农村社会治理不能依靠面子工程来推动，要激发农民的自主管理能力，培育、健全自我约束和自我发展的社会组织，构建良性运转体系。

第三，农民参与程度是对农民价值主体的检验。解决农民关心的问题、维护农民的合法权益，是农村社会治理的动力源泉和基本方向，只有尊重农民的价值主体地位才能获得广大农民的支持响应，推动农村社会治理的良性运转。

从本质上看，农村社会治理就是要解决农民所面临的诸多社会矛盾和问题，为农村社会发展创造良好的环境。在农村社会治理过程中，广大农民群众是最重要的参与主体，他们对农村社会治理的诉求直接决定着治理的目标，他们的态度和行为方式直接影响着治理的效果。只有农民对社会治理内容感兴趣，他们才愿意积极参与进来，只有农民对治理过程感到公平、对治理结果感到满意，他们才会成为农村社会治理的积极参与者和实践者。一旦缺少了广大农民的参与，农村社会治理注定是要失败的。

笔者认为，作为农村社会治理的参与者与实践者的农民，其作用的发挥一定要依靠"制度规范"与"利益机制引导"两种手段。只有依靠有效的治理机制，才能规范农民的行为，让农民看到参与农村社会治理的具体道路和途径。只有让农民真真切切地感受到农村社会治理给他们带来的好处，才能激发他们参与农村社会治理的热情，坚定其信念，其行动才能从被动转为主动。

在调查过程中我们发现，农村社会治理状况较好的村庄，几乎均得到了广大农民群众的参与和认可。以肃宁县某村为例，该村治安状况是极好的，这主要归功于广大农民的参与，由于各家各户均参与了联防队建设，农民真真切切地感受到了治安状况的好转，也更加愿意参与到这项工作中来。在访谈过程中我们发现，农民们把这项工作看成是"再平常不过"的事情来做，大家排班值班联防联控，今天轮到哪几家值班了，街两侧的村务公开栏内写得清清楚楚。他们也普遍认为，这种事情"不能等""不能靠别人"，这是农民"自己的事情"。

三　农村社会组织：组织者和推动者

农民参与农村社会治理可以是分散的个体形式，也可以是组织形式。农民的组织化，是农村社会治理的关键所在。当前参与农村社会治理的组织主要包括村民自治组织、农业经济合作组织、农村社会组织等。村民自治为农民参与公共事务管理提供了最基本政治制度保障，但是由于村民自治制度更多倾向于政治控制职能，无法完全覆盖农村社会管理领域，在农民经济领域组织化的推动下，必然会产生对政治领域和社会领域的全面组织化参与的潜在动能，也需要大力培育和发展相应的农村社会组织。

农村社会组织在治理过程中发挥着重要作用，它是农民参与社会治理的重要载体，是构建农村社会治理格局的重要组成部分。此类组织具有民间性和非营利性的特征，主要面向基层、成员多元、更接地气。另外，它又具有利他性和公共性的特征。这些特征决定着农村社会组织所发挥的作用是政府和市场无法替代的。

笔者认为，农村社会组织的建设和发展，应当以"需求"为导向、"自下而上"地来推动。农村社会治理源自农民对农村社会问题和矛盾的解决诉求。比如，农民需要丰富的文化娱乐生活，自然就有了"秧歌队"的出现；农民需要一个安定的治安环境，自然就有了"治安联防队"的出现；农民需要合作经营与发家致富，自然就出现了各种"农村合作社"。农村社会组织正是切合了农民的各种需求才得以建立和发展，它是农村社会治理过程中的重要组织者和推动者。以农民"需求"为导向，通过"自下而上"的形式，将分散的农民联合起来，是农村社会组织的重要使命。

DCZ 村是我们所调查的社会状况较差的一个村庄：

　　　　该村经济水平较高，但村内交通状况很差，虽然上边拨款修了
路，但比较狭窄，缺乏路旁排水道系统；道路两边乱堆乱放，垃圾味
道难闻；村干部工作缺乏热情，村民投票对选举结果几乎没有影响
力；村内没有养老院，孤寡老人赡养很成问题；孩子上学也不方便，
村文化生活单调，没有健身器材。（摘自 DCZ 村访谈记录）

　　但是，该村村民根据自身的需要，自发组织起了一些社会组织，并开
始发挥作用：

　　　　村里有一个秧歌队、一个养鸡协会和一个养牛协会。秧歌队在庙
会等热闹的节日为大家表演节目，也接受其他村庄或团体的邀请，去
为其表演或商业宣传。养鸡协会和养牛协会都是由村民自发组织的，
为了方便进行技术交流和市场交易，这些社会组织发展势头良好。
（摘自 DCZ 村访谈记录）

　　笔者认为，在农村社会状况较差的村庄，存在着农村社会组织的发展
空间。但是，当前农民所组织的社会组织，大多具备娱乐性质、生产性质
或商业性质，农民主要为了娱乐或者是农产品销售而组织在一起的，商家
也主要想借助这些组织扩大宣传，农村缺乏针对具体社会问题而组织起来
的社会组织。应当针对具体的社会公共事务，建立和完善具体相应的社会
组织，构建农村社会治理的组织载体，满足农村日益增长的社会治理
需求。

第二节　治理主体之间的权力关系

一　治理主体之间的权力关系及类型

　　权力是指职责范围内的领导和支配力量，它包括国家权力和社会权力
两类。国家权力是统治阶级为了实现其阶级统治而具有的一种政治上的强
制力量；社会权力更多指的是社会组织或社会成员在其职责范围内所拥有
的支配力量。

　　在前面的研究中，我们分析了农村社会治理各主体的职责和角色，这
实际上已经大致勾画了各方治理主体的权力清单内容。然而，只有这些是

远远不够的，因为在农村社会治理过程中，各方治理主体围绕治理目标开展行动，必然要求它们之间进行协调配合、形成合力，理清各方主体之间的权力关系，显得尤为重要。

笔者认为，处理好农村社会治理主体各方之间的关系，关键在于处理好国家与社会之间的关系，实质上是如何协调各方关系以解决好分散经营方式下农村社会公共事务的问题。自从改革开放以来，国家与社会之间关系的重构问题，基层政府与民间组织的关系问题，一直是我国政治经济生活领域的重要议题。

总的来看，我国农村基层政权组织对于其他治理主体的领导地位依然存在，但是，具体领导模式正在发生重大变化。随着基层政权组织的职能转变和调整，基层乡镇党委政府和村两委领导和参与农村社会治理的方式在发生变化。随着农村社会组织的不断发展和壮大，它们开始产生对传统治理权威主体的补充和替代，农村社会治理主体的日趋多元化，不同主体之间的权力关系开始发生变化，非对称性依赖型关系越来越成为当前我国大部分农村社会治理主体之间权力关系的真实写照。在未来，这种关系会逐步演变为消长型，最终不同治理主体之间达到相互促进，成为互促型。

二 治理主体作用发挥所面临的困境

（1）基层党委和政府面临的困境

在我国，随着取消农业税措施的实施，权力越来越向县级政府集中，机构人员越来越向"条条"上划，乡镇财力基本上是由县级统管。这也就意味着，我国基层乡镇的功能发生了显著变化，基层党委和政府在农村社会治理过程中的应有作用很难发挥出来。

2014年4月笔者参与了河北省人民政协承担的"河北省乡镇职能完善研究"课题研究任务，在调研过程中，我们发现，大多数乡镇政府的职能开始出现弱化，它们开始从较为健全的基层行政主体，逐渐弱化为更多从事辅助、配合角色的派出工作机构，这与新形势下农村发展和乡村治理的要求格格不入，主要表现在：第一，做事多、谋事少。第二，责任多、权力少。第三，任务多、办法少。第四，管理多、服务少。第五，加班多、报酬少、积极性差。

（2）"村两委"面临的困境

我们将视角转向村级，村两委的作用发挥也并不容乐观，它们在农村社会治理过程中的实际作用发挥并不够。主要表现在：第一，村委会更多的是被动执行上级下达的任务，工作中缺乏主动性、灵活性和创造性。第二，村两委的威信和声誉较差，民众普遍对它们缺乏信任感。村两委在实际工作中缺乏有效的方式和方法，普遍缺乏凝聚力，在碎片化和阶层分化严重的农村，很难把分散的农民凝聚在一起。第三，宗族势力在很大程度上影响着村委会选举和农村公共事务的决策。第四，村两委的行为缺乏有效的权力监督和制衡，村两委的行为往往违背"民主和法治"的原则，民意表达不通畅，贿选现象比较严重，普遍存在以权压法现象。第五，"村官巨腐"的现象时有发生。

（3）农民个体面临的困境

农村社会治理的发展趋势是参与主体多元化、参与过程民主化、参与内容和形式多样化。正如前面所分析的那样，农民主体地位没有得到充分体现，分散的农民个体参与农村社会治理的积极性并不高。受到市场经济大潮的影响，农村经历着深刻变化，农民的思想和价值观更加多元，越来越难以把他们凝集在一起，其参与农村社会治理的积极性也亟须提高。

根据调查结果，只有7.01%的被调查者赞同"人应该以自我为中心"的观点，有15.30%的被调查者赞同"事不关己，高高挂起"的观点，有40.09%的被调查者认为"人应该多为他人着想"。这说明，在大多数农民心目当中，并不赞同自私自利的思想，农民个体并非是完全冷漠的，他们普遍存在着比较朴素的公共意识。虽然只有27.29%的被调查者赞同"农民很难拧成一股劲"的观点，然而，在大多数农民看来，真正把分散的农民凝聚起来，却是一件十分困难的事情。

（4）农村社会组织面临的困境

目前，从一个方面来看，不同农民参与社会治理的具体形式选择存在明显差异。从另一个方面来看，参与社会治理所带来的收益具有明显的公益性特征，农民普遍存在"搭便车"的心理，社会治理面临费用分担方面的困境。在这样的情况下，将分散的农民组织起来，面临较大的难度。

正如我们在前面章节所分析的那样，我国农村社会组织仍然处于萌芽和起步阶段，组织类型单一，数量偏少，功能不完善，发展缓慢。在调查中，我们了解到农村社会组织主要是"红白理事会""秧歌队""农业合作社"等几种形式，它们主要发挥着邻里互助、文化娱乐、发展经济等功能。这些功能与农村社会治理的核心问题（社会问题）还有很大距离，在农村社会治理过程中，急需发展能够在农村社会事务管理过程中发挥作用的民间组织，进一步提高农村社会组织的自我组织和自我发展能力，进一步畅通民意表达渠道，用民间组织的力量进一步推动农村社会治理机制的完善。

第三节　参与质量与参与主体的素质提升

从某种意义上讲，农村社会治理的成败不仅取决于治理主体的参与方式，而且取决于其参与质量，治理主体的主动性、参与的广度和深度、参与主体本身的素质，这些都是决定农村社会治理水平和实际效果的重要因素。

一　治理主体的参与主动性

笔者认为，农村社会治理主体的参与主动性是影响农村社会治理的重要因素，其一思一行直接影响着农村社会治理的成效。农村社会治理本身就是要很好地解决农村各类社会矛盾和问题，它涉及相关治理主体的切身利益，离开了治理主体的积极参与，治理活动就很难取得良好效果，很难从根本上解决问题。

目前，传统的农民是被管理者的思想，仍然根深蒂固。在调查中，当我们询问农民和村委会是什么关系时，绝大部分农村的状况和农民意识是令人担忧的。

> 村民大多数都认为农民与村委会之间，是管理和被管理的关系，只有少数年轻的村民认为二者应该是服务和被服务的关系。（摘自MY村访谈记录）

上述状况和思想严重影响着农民参与主动性的提高。我们需要增强农民的参与意识。培育农民的主体意识、权利义务意识、公平正义意识、公民意识，逐步养成与农村社会治理相一致的价值观念、思维习惯及行为方式，实现从农民到公民的转变。

另外，要尽快帮助农民实现从服从到自主、从依附到自觉的转变，农村社会治理不能"等、靠、要"，不能简单地依附于基层政府和村委会的意识，农民应当主动有所作为。

农民参与意识的养成，不是一朝一夕之事，需要具备良好的环境，需要有一个良好的"政治生态"和"社会生态"环境。相对于宗族势力较强、矛盾纠纷频发的村庄，一个乡风淳朴、民主公正、具有"能人带动效应"的村庄，农民的参与意识往往会更强。共同文化及外部环境等因素对参与主体的影响作用不容忽视。

另一方面，需要增强对集体行动的认同、提升农民对公共事务的参与率，通过相关制度和机制把分散的农民重新组织起来。农村社会治理的复杂性，影响到了农民的集体行动选择。从前面所分析的调查数据可知，在面临要不要付诸行动时，有相当一部分农民持观望态度，这就意味着农民集体行动面临着困境，这可以从诸多方面加以解释。从囚徒困境到阿罗不可能定理，均能给出合理的解释。集体行动缺乏有效支持，势必会影响到所有个体共同利益的实现。农民对公共服务的需要越强烈，其参与集体行动的热情会越高；集体行动中成本分摊越公平，农民的集体合作行为会越大；奖惩机制越明确、权威力量越突出，集体行动中的搭便车现象会越少。

在调查过程中，我们发现的一些普遍现象是："村两委"要么被动完成上级任务，要么是消极待命，农村公共事务很少有人问津，在管理上出现真空，农村社会组织发展缓慢且阻力重重，农民个体对本村公共事务缺乏热情和积极性。

农民更多地持有观望态度，同时也意味着农民参与率仍然存在较大的提升空间。对于农民来讲，说服和教育往往是失效的。提升农民的实际参与率，应当重点从"利益引导"和"实践引导"两方面入手。

要靠利益引导，让每个治理主体真正感受到治理本身给农村带来的变化以及给自身所带来的好处，产生参与农村社会治理的迫切愿望，并积极参与其中。农民首先是一个"经济人"，然后才是一个"社会人"和"道德人"。农民要不要参与类似于"垃圾清理"等社会治理活动，一个重要的判断依据是，农民从中获得的收益一定要大于其付出的成本和费用，这些收益和成本费用既包括有形的又包括无形的。只有让农民意识到自己所付出的时间、精力和金钱，能够带来更大的收益和满意，农民才会主动加入到这一行动当中来。

需要借助具体实践活动把农民组织起来，要重塑和完善相关治理机制，明确各方治理主体之间的权责关系，让每个治理主体感受到自己在农村社会治理中的具体责任，改变以往消极被动的地位，主动投入到农村社会治理活动中来。在调查过程中我们发现，有的村庄为了有效解决当地治安问题，村子里成立了"治安联防队"，每家每户分派任务、轮流值班，治安效果明显好转。农民普遍感觉这个联防队发挥了很大作用，农民的参与越来越多地成为一种自愿行为。值得一提的是，在"实践引导"过程中，要让农民真真切切地感受到治理所带来的收益和自己的责任。

二　治理主体的参与质量

农村社会治理主体的参与质量包括广度和深度两个方面。参与广度是指农村社会治理主体能够在哪些方面和领域参与治理活动；参与深度则是指治理主体能够在多大程度上介入和影响治理活动和结果。参与广度和参与深度，不仅是评价农村社会治理活动本身的重要指标，而且也是影响农村社会治理效果的重要因素。

从当前的情况来看，乡镇党委政府及"村两委"更多地承担着传统的事务性管理工作，尽管它们承担着一些农村社会公共事务管理方面的具体工作，同时对于农村社会矛盾纠纷的解决也发挥着一定作用。但是，随着农村经济社会的发展，限于人力、财力和体制的约束，基层政权组织在许多方面无力顾及，其在治理过程中的领导力和凝聚力尚未形成。

农民个体很少直接参与到具体的农村社会治理活动中来，参与范围有限，深度欠缺。尽管农民可以通过村民代表大会、村务公开栏等形式来参与和监督治理活动，然而，由于这些制度在许多农村往往流于形式，农民个体参与农村社会治理的广度和深度是十分欠缺的。

当前的农村社会组织大多围绕经济合作社、文化娱乐、红白理事等开展活动。它们所参与的内容，基本上是远离农村社会治理核心内容的，参与深度也远远不够。

提高治理主体的参与质量，需要基层政权组织转变传统管理模式，落实村民（代表）大会制度、创新村委会工作方式，放手和发动群众，推动农村社会组织的发展，引导它们更多地参与到农村社会治理活动中来，激发和释放社会活力，提升参与的广度和深度。

三　能人带动效应

在调查过程中，我们发现这样一种现象：凡是农村社会治理状况好的村庄，一般都有一个好的村干部或带头人，他们更多发挥着发动机和领头羊的作用，我们把这种现象称为"能人带动效应"。

在第五章的分析中，我们已经知道，能人带动要素和政治要素之间存在着显著性关联，且存在显著的线性组合关系，Gamma 系数值为 0.328。这表明，能人带动效应往往是通过政治要素来发挥作用的，一个民主公开的政治环境，有利于优秀人才的脱颖而出；另一方面，一个村子如果存在能人带动效应，会进一步改善和优化政治环境。

能人带动要素尽管只与政治要素存在显著性关联，但是它会通过政治要素影响整个村子的社会治理状况（见图 8 - 1）。根据第五章的分析结果，政治要素与相对经济要素、文化要素、社会要素、生态环境等均存在显著性关联，且线性组合关系明显（Gamma 系数值分别为 0.423、0.470、0.455、0.382）。

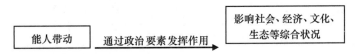

图 8 - 1　能人带动效应对农村社会治理的影响

我们在 ZJZ 村调查时，就发现了这种能人带动效应，该村的能人就是一位已经连任三届的村支书。该村的经济发展状况在当地处于一般水平，但村风淳朴，社会综合状况良好。在该村村民服务中心，我们看到了四五个工作人员，他们均是六七十岁的白发老人，有两个是党员，他们性格开朗，工作认真。

> 我们在这里（村民服务中心）工作，纯属义务（为大家服务）；村里的事情总得有人管吧。我们之所以这样，是受到村支书影响的。
> 我们现在的村支书已经干了三届了，他四十出头儿，年富力强，大家伙都信任他。在他的带领下，村里的各项工作都挺好。
> 这不，咱们村的自来水需要修了（重新挖开进行管道铺设），村

里出了一部分（资金），但仍然需要每家集资二百多块钱儿，（工作）很透明的，大家都很支持，这两天就能把钱收齐了。

你再看看我们村的低保情况（登记本），很规范吧，实际上挺公正的，没有人有怨言。只要领导率先垂范、正气十足，好多工作都好开展。（摘自 ZJZ 村访谈记录）

在接下来的分析中，我们将 100 个村庄在社会要素、经济要素、政治要素、文化要素、生态环境要素等方面的评价得分进行汇总，得出每个村庄的社会治理状况综合得分，并采用前述聚类分析的方法，按照能人带动要素和综合要素分别将 100 个村庄分为好、中、差三类。在此基础上，我们进一步分析能人带动要素与农村综合状况之间的关系（见表 8 - 1）。

表 8 - 1　　　　　　能人带动要素与农村社会治理状况的关系

综合状况 能人带动要素	综合状况 （1. 差）	综合状况 （2. 中等）	综合状况 （3. 好）	合计
没有能人带动效应（1. 差）	23	14	10	47
能人带动效应一般（2. 中等）	9	10	8	27
能人带动效应较好（3. 好）	7	9	10	26
合计	39	33	28	100

数据来源：根据调研数据整理而得。

由表 8 - 1 可知，在 100 个村庄中，能人带动要素得分为 "1" 的差村占到了 47 个，而能人带动要素为 "3" 的好村仅为 26 个。在缺乏能人带动效应的 47 个村庄中，农村社会综合状况较差的村庄占到了 48.94%（23 个），较好的村庄仅占 21.28%（10 个）；而在能人带动效应较好的 26 个村庄，农村社会综合状况较差的村庄只有 26.92%（7 个），较好的村庄却占到了 38.46%（10 个）。这意味着，从某种程度上讲，能人带动效应对于提高农村社会治理综合水平具有重要推动作用，存在能人带动效应的村庄，其社会综合治理水平一般较好，而缺乏能人带动效应的村庄，其社会综合治理水平一般较差。

从另外一个角度看，在 100 个村庄中，有 39 个村庄的社会综合状况得分为 "1"（差），28 个村庄的社会综合状况得分为 "3"（好）。在社会综合状况较差的 39 个村庄中，缺乏能人带动效应的村庄占到了 58.97%（23 个），而存在能人带动效应的村庄只占 17.95%（7 个）；在 28 个社会综合状况较好的村庄中，有 35.71% 的村庄（10 个）缺乏能人带动效应，同样有 35.71% 的村庄（10 个）具有较好的能人带动效应。由此可知，大多数村庄缺乏能人带动效应，广大农村的社会治理综合水平普遍较差，而农村社会治理综合水平较好的村庄，有些是具有较好的能人带动效应的，有些则是缺乏能人带动效应的。能人带动效应是影响农村社会综合治理水平的重要因素，但并非必要因素。

能人带动效应说明这样两个问题：一是，村子里的"一把手"是农村社会治理活动中的关键要素，"能人"是广大农村所急需的一种稀缺资源，一个好的领导班子能够带动整个村庄的发展和治理水平的提升，这在农村综合治理水平整体水平较差的情况下尤为突出。二是，在一些村庄，尽管不存在能人带动效应，但其社会治理水平有可能比较高，这主要依赖于村民整体素质的提升。

四　治理主体的素质提升

农村社会治理主体包括个体和组织两类，无论是哪类治理主体，其素质的高低，都是影响农村社会治理效果的重要因素。它不仅影响着参与社会治理的主动性，还影响着整个治理过程和治理效果。对于广大农民来讲，农村社会治理这个词是陌生的，他们普遍文化水平较低，不懂得个人与村集体的关系，也很少关心社会政策和公共事务。对于农村组织来讲，无论是村民委员会还是民间组织，它们的素质更多表现为在农村社会治理活动中的表现和功能发挥。

笔者认为，农村社会治理主体的素质应主要包括以下几个方面：

一是，对善治目标的向往和追求。农村社会治理活动本身是要解决农民所面临的社会问题和矛盾，农村社会生活达到善治的目标，是农民对真理和美好生活的共同向往。离开了这一点，治理活动就失去了统一目标，失去了方向。

二是，对公共精神与共同价值的认同和遵循。这是社会治理活动的灵魂，是凝聚各方治理行为的根本。离开了这一点，治理主体的行为就会产生分化，很难形成合力。

三是，对法治精神与民主规则的崇尚和践行。这是农村社会治理制度和机制运行的根本保障，也是提升治理主体素质的关键。离开了它，治理活动就会失范，偏离善治的目标。

第四节　现代农村社会组织的发展

一　现代农村社会组织的使命与特征

1. 现代农村社会组织的使命

我国农村面临着从传统农业社会走向现代社会的历史转型，所面临的不确定性和社会风险日益增大，依靠传统的政府主导垄断的治理体系，很难把问题解决好。

市场经济的发展和城市化进程的加快，使得以"熟人社会"为特征的农村社会关系逐步瓦解。而新的社会网络和社会信任远远没有建立起来。伴随着市场经济体制改革的深入，政府体制转型也被提到议事日程。社会组织作为居于市场与政府之间的一种组织形式，面临着巨大的发展空间，现代农村社会组织的发展，是历史的必然，是推动个体参与、拓展公共领域、构建农村社会治理的重要方面。

现代农村社会组织的发展为农村社会治理注入了新活力，这是一支不可或缺的力量。农村组织的发展逐步实现了农村社会的重构。各地的经验表明，在推进城乡统筹发展和社会主义现代化建设的进程中，农村社会组织一般在社会管理和服务方面承担政府部门剥离出来的部分社会职能，有利于降低社会管理成本。它们在利益协调方面同样发挥着重要作用，它们不仅反映民众诉求、规范公民行为，而且还具有化解社会矛盾、维护社会稳定的功能。农村社会组织大多开展的是群众性、公益性活动，有利于夯实农村思想文化基础，搭建精神文明建设新平台，拓展公共服务新空间。

2. 现代农村社会组织的特征

第一，政社分开。随着政府体制改革的推进，要逐步理清政府职能的边界，推动社会组织的在职能、机构、决策运行等方面实现独立，构建政府与社会组织合作共治的社会协同治理局面（王名等，2014）。政社分开是现代社会组织的最本质特征，只有实现政社分开，才能将无限政府变为有限政府，才能充分发挥来自广大农民和民间的智慧和力量。

"政社分开"不是削弱政府的公共管理职能，更不是与政府对着干，而是通过深化改革，理清政府职能边界，把政府该管理的事情管好，把政府应该提供的公共服务提供好。同时，把那些政府不该管、管不了、管不好和管不到的事情坚决剥离出来。通过培育和发展现代农村社会组织，构建政府与社会组织协同治理的良好局面。

第二，权责明确。现代农村社会组织的发展，需要重新梳理各方权责关系，明确各方权力与责任，重构国家与社会之间的关系格局。政府应从传统的统治型、管理型政府转变为现代服务型政府，其权力边界、基本职能、责任义务会越来越变得有限、规范与明确。社会组织应在党委领导、政府负责、社会协同、公众参与的基础上加快自身发展步伐，创新管理方式，积极承担更多农村社会事务。农村社会组织与政府之间各司其职、各担其责，形成一种良性合作关系。

"权责明确"核心的问题是科学界定各方的权利与责任。在农村社会治理过程中，不仅需要理顺政府与各种社会组织之间的关系，更需要理顺政府与村两委之间的关系，需要充分调动一切积极民主的力量，推动农村社会治理更好更快地发展。

第三，依法自治。农村社会组织的发展除了明确各方权责关系外，更需要的法律形式的确认与保障，农村社会组织的发展自始至终应该建立在法治的轨道之上。

"依法自治"本质上是社会重构（王名等，2014）。"原子化""碎片化""利益化"的农村和农民，需要不断觉醒和进步，需要推动公民基本权利保障机制的构建与完善，需要推动社会自治系统的发育和壮大，需要在法治的基础上建立和完善农村社会组织，这是农村社会治理的核心内容。

二　现代农村社会组织的培育和发展

正像我们在本章第二节中所分析的那样，当前农村社会组织的发展，面临着重重困难。对照上述三个基本特征，现代农村社会组织的培育发展任务在广大农村几乎还是空白。目前，社会组织在农村社会治理中的作用发挥还远远不够，大多仍处于艰难的起步阶段，自我生存和发展的能力比较薄弱，缺乏政策法规的支持。

第一，尽快将农村社会组织的发展纳入国家治理体系筹考虑。通过政策法规，进一步明确和保障农村社会组织的合法地位，通过制度和机制，进一步规范和支持农村社会组织的发展。通过创新治理模式，吸引更多的资本和人力投入到农村社会组织的发展当中来。

第二，进一步理顺权责关系，对乡镇政府和村两委的职能进行梳理，尽快将与国家治理体系不相称的职能剥离出来，交予社会组织来完成。在剥离一部分公共事务的同时，一定要将支持这些公共事务所需要的公共权力和资源同时转移给社会组织，避免只转移职能和责任，不转移权力和资源的现象，使社会组织无力承担职责，造成新的矛盾。政府同时应当承担培养和支持农村社会组织发展的责任。

第三，对农村公共事务进行逐一梳理，围绕急需发展的农村社会事业，扶持和发展相应的农村社会组织。比如，教育、养老和环境等问题是农民普遍关注的问题，如何把农村义务教育办好、让农村孩子在家门口就能享受到优质教育资源，如何有效解决农村老人的养老问题，如何把棘手的垃圾清运问题变得不再棘手，这些均是农村社会治理过程中亟须破解的难题，同时也是需要农村社会组织提供服务的重点领域。

第四，进一步破除阻碍农村社会组织发展的各种障碍，包括进一步降低登记注册门槛、落实相关扶持政策、给予相应资金支持等。

第五，要对不同农村社会组织的性质给予重新认识和定位。农村社会组织参与农村社会治理，需要解决各种农村社会矛盾或提供不同的农村公共服务。农村社会组织的类型是千差万别的，其资金来源也会各不相同。将不同农村社会组织分为"微盈利"和"公益"等不同类型，设定不同的扶持政策，构建农村社会组织自我约束、自我发展的有效机制。

小　结

农村社会治理的主体包括三个方面：乡镇党委政府及"村两委"（引导者和凝聚者），农民个体（参与者和实践者），农村社会组织（组织者和推动者）。

我国农村基层政权组织对于其他治理主体的领导地位依然存在，随着基层政权组织的职能转变和调整，基层乡镇党委政府和村两委领导和参与农村社会治理的方式在发生变化。当前，非对称性依赖型关系是我国大部分农村社会治理主体之间权力关系的真实写照，未来会向消长型和互促型转变。

无论是基层党委政府还是"村委会"，无论是农民个体还是农村社会组织，这些治理主体在作用发挥方面，面临着不可回避的现实困境。

农村社会治理水平的提高依赖于农民整体素质的提升。农村社会治理主体的参与，不仅仅是选择科学有效的参与方式的问题，更应关注治理主体素质的提升，关注参与质量，不断提高治理主体的主动性，增强其参与的广度和深度。"能人"是广大农村所急需的一种稀缺资源，一个好的领导班子能够带动整个村庄的发展和治理水平的提升。良好的治理主体至少应具备以下素质：对善治目标的向往和追求、对公共精神与共同价值的认同和遵循、对法治精神与民主规则的崇尚和践行。

现代农村社会组织是推动农村社会治理的重要新生力量，它具有政社分开、权责明确、依法自治的显著特征。发展和壮大农村社会组织，尽快将其发展纳入到国家治理体系当中加以统筹考虑，需要理顺权责关系，梳理乡镇政府和村两委之间的职能划分，尽快将与国家治理体系不相称的职能剥离出来，交与社会组织来做。在剥离一部分公共事务的同时，将支持这些公共事务所需的公共权力和资源转移给农村社会组织。要对农村公共事务进行逐一梳理，围绕急需发展的农村社会事业，扶持和发展相应的农村社会组织，进一步破除阻碍农村社会组织发展的各种障碍。

第九章 农村社会治理机制创新：机制重构与运行

农村社会治理是一个整体推进的系统战略工程，它需要结合我国"三农"实际情况，在我国全面深化改革的大背景下，创新现有治理模式，搭建与广大农村社会经济水平相适应的治理机制，并完善相关配套措施。

第一节 农村社会治理机制创新

创新农村社会治理机制，需要树立全新价值理念，从现有问题和矛盾入手，彻底打破原有的体制机制障碍，广泛动员农民群众参与，构建良性社会治理机制，有效化解社会矛盾，促进农村社会经济更好发展。

一 从"维稳"到"善治"的转变

改革开放近40年来，我们创造了极其丰富的物质产品，同时，不可回避的是也积累了日益深厚的社会矛盾。政府在不断协调利益冲突，投入到维护稳定方面的财政支出急剧增长；然而，社会矛盾和冲突不仅没有减少，反而呈现出增长和爆发的态势，似乎走入了"维稳怪圈"，传统社会治理模式面临着巨大挑战。

如何畅通社会利益表达渠道，缓解利益冲突，促进社会公平正义，是当前中国政府最重要的一个任务。在旧有的治理模式下，主要采取压制的手段来解决问题，这是一种治标的做法，并没有从根本上解决矛盾冲突。我们需要价值理念层次的全方位革新，将解决农村社会矛盾的能力制度化，否则农村社会治理永远无法走出旧套路。

从治理主体来看，农村社会治理的主体需要走向多元化。由政府管治逐步转变为多元共治，由政府决策转变为公共决策（燕继荣，2012）。政府不再是简单的管理者，农民也不是单纯的被管理者。农村社会治理需要借助多方主体的力量，明确分工、理顺关系，激发社会自组织的能力，逐步形成有效的社会治理机制。

从治理手段来看，农村社会治理不能简单地采用原来的强制式和命令式的手段，应逐步转变为参与式、协商式的手段。政府应不断提高自身建设，防止权力腐败，实现权力约束，增强政府与人民群众之间的互信，减少权力对社会的过度干预（高鹏，2011），构建"良性的社会运行体制"，实现社会的公平正义。

从价值目标来看，农村社会治理绝对不是简单的"维稳"问题，而是要有效地化解社会矛盾，维护农村社会的和谐稳定，为社会提供"有效的公共服务"，改善村民的生活质量和幸福指数，营造舒适、健康、和谐的生活环境，最终达到社会的"善治"。

二 中国特色的社会主义乡村治理

创新和改善乡村治理机制，不仅要尊重农村社会治理的历史、凸显当代国情民情所需，更要体现社会主义的本质特色，要把它放在国家治理体系和治理能力现代化的大系统中加以考虑。

中国农村社会治理所走过的路程是独一无二的。无论是"村民自治"，还是如今日益深入的"村务审核监督"；无论是"分散经营"，还是如今越来越多的"农业合作社"；无论是"基本公共服务均等化"，还是"四化同步推进"；无论是对"投票结果的无奈"，还是如今"民主意识的日渐觉醒"，我们在构建农村社会治理机制时，一定要尊重历史、尊重现实，任何照抄、照搬的经验和做法都是走不通的。

中国特色的农村社会治理，必须坚持中国共产党的领导。加强农村基层党组织建设是完善乡村治理机制的核心（张建军，2014）。这是由我国根本政治制度所决定的，无论农村各类经济组织和社会组织如何完善和发展，农村基层党组织的领导地位是不能动摇的，其核心作用是不能减弱的。当然党组织本身也应加强自身建设，以过硬作风和严密制度保障农村社会治理的正确方向。

中国特色的农村社会治理，需要健全基层民主制度，完善党组织领导下的村民自治制度，调动各方面的积极性，激发其活力，共同参与社会治理。要进一步加强基层组织建设、大力发挥群体组织的作用，积极探索适应合作社、家庭农场等新型经营主体参与农村社会治理的有效形式。

中国特色的农村社会治理，要坚持以人为本的原则，要走群众路线，依靠群众，将分散的农民组织起来，引导他们更多地关注公共事务，并参与其中。需要紧密结合农村实际，一切为了群众，解决农民所面临困难和现实问题，多方面全方位推进，体现农民生产、生活、生态的一体化的治理理念。为农民提供更好的生产生活环境，让他们享有更加充分的基本公共服务。

三　树立"五位一体"的治理理念

尽管农村社会治理最终要解决的是农村社会发展过程中的各种矛盾，这些问题大多属于社会问题，然而，破解这些难题需要从经济、政治、文化、社会、生态环境等多个角度来入手。其中的主要原因在于：第一，社会问题本身是复杂的，它本质上是人与人之间的利益冲突，而造成这些利益冲突的背后原因却是多方面的，它可能是社会方面的，也可能是经济、政治、文化、生态环境等其他方面的。第二，经济、政治、文化、社会、生态环境等五个要素之间本身就存在着复杂的关系，它们构成了一个复杂的综合体。一个方面问题的解决，往往依赖于其他方面。一个方面要素存在短板，会使得整体综合优势大打折扣。第三，实践证明，农村社会治理综合状况较好的村庄，往往是大部分要素均表现突出的村庄，这一点在前面几章的分析中已有论述。

笔者认为，在五位一体的治理思路中，经济要素和政治要素是两个最主要的要素，它是农村社会治理的关键性要素，其他几个方面的要素往往依赖于这两个方面。

联产承包责任制后，农村土地所有权表现上归集体所有，分散经营的实际情况决定着大多数村庄的集体组织已经有名无实。我们在农村土地产权方面留下了"集体大锅饭"的空壳。而在村庄管理方面，历史则给我们留下了一条"政社合一"的尾巴（周其仁，2013）。这是造成目前农村经济与农村政治之间割裂的历史原因，必将对今天的农村社会治理产生深远影响。

当前，农村社会治理面临着经济要素与政治要素的割裂！从经济要素来看。市场经济体制赋予了农民经营决策权，它们在经济上实现了有限约束下的自主和自由。然而，当前农村生产经营是分散的，农村集体经济几乎丧失殆尽，大多数村庄缺乏主导特色产业，经济发展水平较低。农民人均纯收入呈右偏态分布，将近70%农民的人均纯收入低于平均值①。这使得农村社会治理缺乏了有效的经济基础。

从政治要素来看。自上而下的行政命令，依然是政府管理农村的主要手段。贿选现象在某些地方仍然严重，民主选举步履维艰，村民自治组织作用发挥还远远不够。"有好处就捞、没好处不管"的心态在基层干部中间还比较严重，基层政权组织作用发挥出现严重错位。广大农民仍然习惯服从于被管理，缺乏对公共事务的真正有效参与。

从两个要素之间的关系来看。经济水平的提高，要求建立一个畅通的利益诉求渠道，尤其是政治形式的渠道，然而，目前政治体制更多的是一种自上而下的任命和形式上的民主，离真正的民主还有很大距离。经济上分散经营，也使得农民利益出现分化，他们之间很难形成合力，民主政治更多地受到家族和派别势力的影响。从另一方面来看，政治民主的匮乏，使得真正的好干部和能人很难涌现出来，缺乏有效的核心凝聚力量，这也使得农村集体经济很难建立和发展起来，农业增产、农民增收和农村发展仍然面临着较大门槛。经济要素和政治要素的长期割裂，使得农村社会治理处于低水平的胶着状态。

破解以上难题，需要考虑经济要素和政治要素之间的有机融合，需要同时协调各方面要素的关系，全方位推进改革。任何单纯从一个方面进行的改革，或者不考虑各种要素之间联系的改革，都注定是失败的。

管理学著名的"木桶原理"揭示了木桶短板效应，给了我们很好的启示：推动农村社会治理进程，需要补齐短板，同时推进经济、政治、社会、文化、生态环境五个方面的改革。否则，我们会面临更大的阻力。

笔者认为，在五个要素当中，经济要素和政治要素是当前最急需解决的突破口。弥合经济与政治之间的裂痕，需要从两方面入手。一方面要发展集体经济；另一方面要积极推进农村民主政治建设。两者缺一不可。

农村集体经济的发展，除依靠传统的行政手段外，更需要从农村经济

---

① 根据对1484名农民的调查数据，人均纯收入的偏斜度为+4.54，有68.67%农民的人均纯收入低于平均值。在右偏态分布状态下，均值＞中位数＞众数，数据存在极大值，拉动平均值向右方靠近。

自身寻找突破口。要从规模经济和产业发展的高度，谋划农村经济发展，以此带动农村整体治理水平的提升。河北省有不少产业带动经济发展的典型乡镇，比如隆尧县华龙镇依靠生产方便面食品的河北华龙集团、徐水县大午镇依靠河北大午农牧集团走上了发展壮大之路。除此之外，广平县的自行车配件、安平县的丝网、安国的药材，也极大地带动了当地农村的经济和社会发展。

农村民主政治制度的完善，需要集思广益，充分发挥民众的作用，调动全社会的积极因素，完善乡镇政府和村民自治组织的选举和考核制度，使它们真正成为"眼睛向下看"的管理服务组织，这是广大农民的期盼。

> 乡政府和村委会要注重引进投资，发展集体经济，还可以发展特色生态农业、采摘农业，壮大村集体的实力。（摘自 HZX 村访谈记录）

> 村内的管理分散，没有带头人，要从村干部入手，找出能真正为百姓谋福利的有识之士，百姓会配合他的工作。另外，缺乏规章，没有约束人们行为的尺子，好的领导者加上好的管理办法，是村民们所期盼的。（摘自 WJD 村访谈记录）

实际上，"五位一体"的治理理念不仅存在于经济要素和政治要素之间的关系上，它同样存在于其他几个要素之间。比如，一个经济发展水平落后的偏远村庄，拥有天然的绿色生态环境。该村在社会治理过程中，首要的问题就是发展经济，在发展过程，一定要借助已有自然资源，并且防止对自然环境的破坏，否则这种发展就是不可持续的。与此同时，发展经济，共享发展成果，离不开村民的共同参与，离不开政治上的集思广益与民主监督。

四　农民中心地位及提升组织化程度

创新农村社会治理机制，需要政府的政策支持，尤其是要加大财政资金的支持力度。需要有一大批扎根基层、悉民情、懂管理、甘于奉献的优秀人才。但是，无论如何，均应确立和维护农民的中心地位。

农村社会治理不是为了显示个别领导的政绩，也不是为了某个集团的利益。农村社会治理归根结底是为农民的利益，是为了解决农民所面临的问题和矛盾。农村社会治理同时需要广大农民的参与，需要调动广大农民的积极性和聪明才智的迸发。

我们需要摒弃旧的政绩观，要逐步建立以民众满意为导向的政府评价机制。对基层政府和领导干部的考核，应当多考察他为农民所做的事情，解决了哪些问题，要引导广大干部眼睛向下看，俯下身子做实事。这需要官员评价机制的彻底改变。

在农村社会治理过程中，树立农民的中心地位，就是要赋予农民更多的知情权、参与权、监督权，并落到实处。树立农民中心地位，就是要多征求农民的意见，看看农民在想什么，他们需要解决哪些问题。开展农村社会治理工作，需要有问题意识，需要围绕具体问题展开工作。要把所有具体问题列出清单、明确每个问题的性质、确定解决问题的途径和方法、分解任务和责任，做好监督和评价工作。

树立农民的中心地位，需要大力发展农村社会组织，通过各种形式的"农民组织"重新把分散的农民组织起来，将分散的个体集聚起来，使他们真正关心公共事务，主动参与到整个农村社会治理过程中来。

第二节　农村社会治理机制构成及其运行

创新农村社会治理机制，需要实现"自上而下"和"自下而上"治理相结合，达到"有为而治"和"无为而治"相统一。

农村社会治理的一切工作均应建立在社会基础工作之上。从根本上讲，社会基础工作就是要在党的领导下，全面推进"五位一体"建设，从社会治理本身来看，社会基础工作主要包括科学规划、法治建设、道德教化等。科学规划包括了土地、人口、基本公共服务等具体方面，强化生态屏障建设，引导产业科学布局，控制人口数量，优化人口结构，推进基本公共服务均等化，这是从源头上化解社会矛盾的基础性工作；法治是社会治理的基础和灵魂，无论是"自下而下"的管理，还是"自下而上"的治理，都必须在法治的框架下进行，当前法治受到权力、金钱、人情、关系、非理性社会情绪的干扰，法治权威大打折扣，必须强化法治的权威，构建农村社会治理的运行规则；法治与德治相辅相成，共同构成社会治理的基础，要不断完善社会主义核心价值体系，用社会主义先进文化培育人，要继续注重优秀传统文化的道德教化作用，营造良好社会文化氛围，促进社会和谐（殷昭举，2011）。

农村社会治理机制包括社会自治机制、社会动员机制、矛盾化解机制以及和谐构建机制四部分。这四部分构成了统一的有机体。

一　社会自治机制

创新农村社会治理机制，需要建立相应的社会自治机制。农村社会治理不能简单地局限于解决矛盾纠纷、处置公共危机、保障社会运转等维稳性问题，而应进一步考虑激发社会活力和创造力，增强社会凝聚力，构建社会自治机制，这是创新农村社会治理机制的核心问题。

当前，依法有序开展社会自治，有其客观必然性：首先，它体现了人民当家做主、保障民权、提高公民社会责任感的基本需要；其次，它是与社会主义生产力发展水平，以及社会主义生产关系相适应的客观规律；再次，在民众基本物质生活得到保障后，必然会对政治生活和社会生活方面的权利提出更高的要求；最后，在社会治理的初级阶段，延续计划经济体制相适应的治理模式，强化社会控制往往能够取得较好的效率，然而，在经历了治理的初级阶段后，依法有序的社会自治显得尤为重要，必须建立与社会主义市场经济体制相适应的治理机制（殷昭举，2011）。

农村社会自治机制的构建，需要坚持党的领导，进一步加强和改进农村基层党组织的建设。农村社会自治必须依法进行，需要在我国《村民委员会组织法》框架下完善基层民主自治制度，需要进一步加强和改进村委会工作。

笔者认为，"民主选举"和"民主监督"是当前农村社会自治的灵魂和基本保障。在"民主选举"方面，重点应防范拉票、贿选等不正当竞争行为的蔓延，创新民主形式，使农民的意见、建议通过多种渠道和方法表达出来。在"民主监督"方面，当前最重要的问题是实现民主监督的制度化，应在完善农村"一事一议"制度的基础上，进一步建立村民监督委员，由独立于村委会的另一个监督机构负责对村委会决策和农村公事务的监督。

另外，完善农村社会自治制度，需要借助农村社会组织的力量，充分发挥农村社会组织在农村社会治理过程的积极作用，农村社会组织对治理活动的参与，不应仅局限于社会事务处理方面，而应更多地参与到农村公共服务供给和农村民主政治当中去。

二　社会动员机制

农村社会治理同时表现为两个过程：一是，政府向社会提供公共服务并依法对有关社会事务进行规范和调节；二是，农村社会自我服务并依据法律进行自我规范和调节。这也就意味着，农村社会治理需要多方的共同参与，需要基层政权组织、农村社会组织、农民个体之间形成合力，最大限度地动员人、财、物力资源，推动农村社会建设。社会动员机制不仅是社会力量的整合机制，更是社会主体的激励机制。

笔者认为，构建农村社会治理的动员机制，需要考虑社会主义市场经济这个大环境，要遵循客观规律，借助市场和行政的双重力量，共同来推进工作。

第一，要善于借助市场的手段动员社会力量。要让各方参与主体看到农村社会治理给他们所能带来的相关利益，靠利益吸引大家参与农村社会治理，这是农村社会治理的动力所在。

在调查过程中我们发现，不少农村发展缓慢。一个重要的原因是它们还没有意识到或寻找到自身所拥有的优势资源，或者即便存在较好的优势资源，限于资金和财力，眼下无法加以开发和利用。在城乡统筹发展的大背景下，广大农村面临着很大的发展机遇，资本不应只盯着城市这个空间，而应更多地在农村寻找投资机会，资本下乡对于农村社会治理来讲，无疑就是一剂强心丸，它能够迅速推动农村社会治理的进程。

比如，在许多偏远农村，土地贫瘠、人均纯收入极低、青壮年劳力纷纷外出打工，农村社会基本上进入衰老状态。如果当地没有任何优势资源，那么这些村庄只能坐等政府的资金补贴和政策支持。假如，有些村庄拥有较好的旅游资源，但由于村集体的实力薄弱，很难对其进行开发利用，资本下乡也就显得尤为重要。从城里招商引资共同开发旅游资源，成为这些农村社会发展的重要推动力量。随着资本下乡的进一步深入，原有的农村社会治理模式已经无法适应，需要在合作开发中壮大农村集体经济，需要在合作开发中凝聚农民的力量，落实民主议事制度，化解合作开发过程中所面临的各种矛盾和问题。

第二，要善于借助政治动员的优势。政治动员是集权管理模式下的一种十分有效的手段。政治动员依靠的不是利益的引导，而是依附在权力之下的强制力以及由责任所带来的压力。

在市场经济和民主政治的双重环境下，政治动员是党政机关的重要功能，它往往发挥着促进心理认同、强化政治参与、凝聚社会资源、提高执行效率等功能（杨小明，2012）。政治动员能够在短时间内调动各方力量，往往会取得意想不到的效果。

当前，各地纷纷开展农村面貌提升工作，上级政权组织往往会向农村派出"驻村工作组"，这是依靠政治力量推动农村社会发展的典型例子，借助政治的力量，各种社会力量被调动起来，农村社会治理工作在短时间内会跃上一个新的台阶。

依靠政治动员的力量来推动农村社会治理工作，需要注意政治动员不能过度，否则会破坏农村的政治秩序和社会稳定。

笔者认为，无论是借助市场的力量还是政治的力量，社会动员机制一定要将各方主体的积极性调动起来，共同参与到农村社会治理过程中来，不应该存在任何形式的"局外人"，否则效果会很差。比如，当前农村普遍建立的大学生村干部制度，这是借助政治力量推动的一项工作，但是，这些大学生村官能否真正融入农村生产和生活中去，能否真正参与农村村务管理，这直接影响着该项工作的效果。

值得注意的是，社会动员机制是至关重要的，离开了这个机制，各方主体就很难参与进来。但是，动员机制在很大程度上属于外在性的，农村社会治理需要提高整个社会的自我组织能力和自我发展能力。

三　矛盾化解机制

矛盾化解机制是和谐社会治理机制的一个重要组成部分，化解矛盾纠纷需要强化政府的行为，同时也需要进一步构建农村社会治理的规则和程序，需要利用法治的手段，寻求化解社会矛盾的有效方法，构建包括个体矛盾化解和公共危机化解在内的治理机制。

对于已经存在的社会矛盾，需要我们构建一整套"早发现、早治疗"的有效机制，将矛盾纠纷更多地引入调解、仲裁、复议、诉讼等法制轨道上去。不少地方建立了"综合信访大厅"，这在某种程度上对于化解社会矛盾纠纷起到积极作用。

笔者认为，构建矛盾化解机制，需要注意几个方面的问题：

第一，矛盾纠纷的化解应采取"疏导结合、标本兼治"的方法，引发农村矛盾纠纷背后的制度缺陷、体制障碍，是农村社会治理工作重点要解决的问题。我们需要建立矛盾纠纷的"溯源制度"，从源头上分析复杂多样的矛盾纠纷，从制度体制上寻求解决问题的策略和方法。

第二，要围绕中央关于"建立健全各种预警和应急机制，提高政府应对突发事件和风险的能力"的要求，完善职能、标本兼治，全力构建长效的社会治安防控体系，形成纵向到底、横向到边、责任到人的社会综合治理网络，把考核办法、程序及结果向社会公开，接受监督；进一步完善农村社会诚信体系，深入开展群众性的诚信教育活动，形成讲信用、守信用、用信用的良好氛围，培育诚信农业、诚信农村、诚信农民。

第三，化解农村矛盾纠纷，需要进一步引导农民更多借助调节手段和法律手段来解决问题。改变当前"大信访、中诉讼、小复议"的格局，逐步建成"少信访、多调节、大诉讼、多复议"的格局。

第四，化解农村矛盾纠纷，对村民进行有效的宣传和教育固然是一个重要的方面，但是，从当前农村社会治理的现实情况来看，执法守法、公平执法、严格执法、执法效率等问题，已经成为当前农村社会治理过程中不可忽视的重要方面。

第五，化解农村矛盾纠纷，农民是主体，需要借助群众的力量，发挥社会组织的作用，农民对自己身边的问题和矛盾最为清楚，化解农村的矛盾纠纷，还需更多地听听农民的心声。随着农村非政府、非营利组织、社区志愿者组织的出现和壮大，农民之间的沟通平台和渠道会越来越多，这也使得矛盾冲突更容易得到调节，更容易达成妥协。

第六，农村群体性事件是农村社会治理工作不容忽视的重要方面，急需构建一整套危机预警网络，相关舆情监督部门应进一步把工作延伸到农村地区，通过预警体制的构建把更多的矛盾冲突控制在爆发之前。当然，除了预警机制以外，还需要进一步强化农村危机决策机制、应急处置机制、舆论引导机制和事后评估机制等。

四　和谐构建机制

农村社会治理不是简单的"维稳"，最终要通过化解社会矛盾，促进农村经济社会发展，达到农村社会的"善治"。从这个角度来看，和谐构建机制是农村社会治理机制的重要组成部分。

建设和谐社会的核心问题是提高农民个体的幸福感和满意度，而这又取决于农民个体需求的满足程度，取决于农民个体权利的保障和实现程度。当前，农民的需求日益多元化，层次在不断提升，并不是简简单单的物质和生存需求，他们同样也需要社会交往、社会认同以及自我实现的需求。他们所需要的权利也不仅仅是基本保障权，同样需要提高发展权和全面发展权等。

首先，建立和完善和谐构建机制，需要树立以人为本的思想。农村发展的最终目的是实现好、维护好、发展好广大人民群众的根本利益，促进农民的全面发展。

其次，建立和完善和谐构建机制，需要抓住重点问题。当前，我们需要在满足农民基本需要和基本权利方面下功夫，解决好农民所面临的一些共性问题。养老、教育、医疗、低保、环境保护、食品安全、土地流转、权益保护等，依然是农民最为关注和最渴望解决的现实问题，要政府和社会多部门联动，共同解决好这些问题。

最后，和谐构建机制与利益协调机制密切相关、相辅相成。当前，我国农民在经济、政治、社会各个领域仍然处于劣势，缺少与强势群体展开博弈的能力和筹码，他们在面临矛盾冲突时，一般可能会容易选择极端的行为方式，我们需要更加注重他们的合法权利保护问题，采取更有效的方法对他们所面临的利益冲突给予协调。从这个角度来看，和谐构建机制与矛盾化解机构是相辅相成的。

第三节　农村社会治理的配套措施

农村社会治理是一个系统工程，创新农村社会治理机制，不仅需要理念的创新、工作方式的创新、构建全新运行机制，同时，它还需要一系列的配套措施。归结起来，大致包括以下几个方面：

一　公共服务供给方式创新

为农民提供均等、有效的公共服务是农村社会治理工作所要解决的重要课题。

农业税的取消在减轻农民负担的同时，也取消农民对国家和集体一直背负的义务，这使得村集体和乡镇基层政府的公共物品供给能力开始下降。农业税被取消后，原有的教育集资、乡统筹等各种收费也被取消，在目前的分税制体制下，上级财政对下级的转移支付额度有限，而且转移支付制度并不科学也不完善，各地乡镇财政普遍吃紧。乡镇政府更倾向于减少与政绩关系不大的农村公共物品供给。更为重要的是，在乡镇政府财力普遍短缺的情况下，基层政府对乡村社会的影响力和组织力在不断下降（刘建平等，2006），这是农村社会治理过程中面临的外部环境和最大难题。

在政府对农村公共产品供给不足的情况下，探索多元化的供给主体成为必然，农民自我供给模式是其中的重要方面。按照《河北省村民一事一议筹资筹劳管理办法》，农村筹资筹劳的范围主要包括村内农田水利基本建设、道路修建、植树造林、与农业综合开发有关的土地治理项目以及村民认为需要兴办的集体生产生活等公益事业项目。需要筹资筹劳的年度，所筹资金每人不得高于 20 元；所筹劳务每人不得超过 5 个工日。遵循村民自愿、直接受益、量力而行、事前预算、上限控制、使用公开的原则，实行一事一议、民主决策。①

然而，由于农民普遍收入不高，加之受到"搭便车"思想的影响，农民对农村基础设施和公共服务仍然力不从心。比如，以修建村内道路为例，厚度不低于 15 厘米的道路，每公里造价至少 20 万元。对于 1000—1500 人口的村庄来讲，他们最多可集资 3 万元，扣除国家资助部分（大约 7 万元），仍需基层政府或村集体拿出 10 多万元，这对于大部分农村来讲，显然是不现实的。

农村公共物品供给不仅面临着资金的匮乏，而且还面临着供给的低效率。根据公共选择理论，受益范围较广的公共物品，更有可能采用集体协商、共同供给的方式。然而，在现实生活中，由于内部协商成本过高、不确定性信息干扰、缺乏有效监督等原因，农村公共物品的农民自我供给能力十分有限。

究其原因，目前，我国基本公共服务是不均等的，这是农村治理需要解决的重要问题。破解农村发展难题、创新治理模式和方法，需要围绕公共服务供给方式的转变做一些大文章。

善治出于良政，这可谓是政治学的一条公理。解决农村公共服务难题，还需从政府公共服务供给方式入手。当前，农村公共服务面临着极大的不均衡，这主要包括以下八个方面的原因（陈晶莹，2011）：

---

① 全国法律法规网，http://www.110.com/fagui/law_ 299910.html。

第一，重城市轻农村的倾向。政府在基础设施、基础教育、医疗卫生、社会保障等方面的投入，对城市的投入远远高于农村。

第二，各级政府间的权限模糊。公共服务供给的职责权限在中央政府与地方政府、地方各级政府之间划分不清，没有明确的政府间的责任分工。

第三，事权与财权不对称。许多农村公共服务主要是由乡镇和村委会来负责的，但是乡镇政府的财权明显不够。尽管中央政府会采取转移支付的形式加以平衡，但是该项制度很不规范，另外，许多基层政府面临着债务，很难应对日益增长的公共服务需求。

第四，自上而下的公共服务决策机制。供给的总量、结构和程序，多以政策规定的形式下达，与农民对公共服务的需求很难吻合，造成供给与需求之间的脱节。

第五，农民缺乏有效的需求表达机制。往往出现"不知道能否反映，不知道向谁反映，不知道怎么反映"的三不知现象。由于组织化程度低，农民往往处于弱势地位，很难参与公共决策，无法表达自身利益诉求。农村公共服务的供给大多偏离农民的实际需要，其资金也往往会被套取或挪用。

第六，绩效考核的政绩化倾向。上级政府一般会将经济发展、社会治安等目标具体化和数字化，并将指标和任务分派给下级行政组织，并以此对下级进行考核。对于有些公共服务，其考核任务拥有明确目标和要求，比如计划生育、基础教育、乡村道路建设等，由于这些公共服务与执行者的利益和升迁挂钩，他们往往会优先考虑。对于另外一些公共服务，农民有强烈的需求，但上级政府没有明确要求或职责不清，比如农村科技、信息、职业教育等。基层组织往往缺乏供给的动力和压力，最终造成农村公共服务供给与需求之间的结构性失衡。

第七，公共服务供给的行政性垄断。政府往往是单一的供给主体，在公共服务的供给上，往往是提供和生产合二为一，采取政府直接生产的形式。这使得农村公共服务的供给总量不足，并且农民满意度不高，也无法满足农民的多样化需求，农民对需求及其变化反应迟钝。

第八，条块分割的行政组织体制。目前的实际情况是：权力在条，责任在块；财权在条，事权在块。这往往为上级政府推卸责任提供了依据，也造成了基层政府的力不从心的现象。比如，乡镇"七站八所"作为

"条条"，其财权往往由县里垂直管理，而其事权则由乡镇政府负责。在县里职能部门拥有一票否决权的情况下，乡镇政府工作的重心自然会放在上级行政组织下达的任务上，往往将公共服务供给的责任转嫁给村里或农民。农村公共服务供给长期处于低水平，总量不足、质量不高、缺乏效率。

笔者认为，破解农村公共服务的难题，创新公共服务供给方式，需要从以上八个方面入手解决。其核心问题是理顺县政府与乡镇政府、乡镇政府与村委会、村委会与农民之间的关系。可以考虑以下几个方面的措施：

第一，加强数据搜集和规划工作，为城乡公共服务均等化提供坚实的数据依据和政策保障。

第二，明确各级政府之间的分工，杜绝上级只管决策，下级只管执行的现象，明确各级基层政权的分工和职责，构建有限责任政府，缓解基层政府压力。明确乡镇基层政府在农村公共品供给过程中的决策主体地位。

由于农村公共物品基本属于"市场失灵"领域，由政府承担供给责任是理所当然的。政府应从城乡统筹发展的角度，进一步推动基本公共服务的均等化，核算政府在农村地区的投入金额，加大投入力度。

乡镇政府应逐步淡化发展经济的职能，强化社会管理和公共服务的职能，要把提供农村公共物品作为乡镇政府的主要职能。这需要进一步改革和完善国家财税体制。乡镇政府要把主要责任放在落实中央支农政策、加强农村基础设施和公共服务建设，指导村民民主选举和"一事一议"、审批和监督转移支付款项、管理救灾和优抚款项、农业技术推广等方面。

第三，深化财税体制改革，加大转移支付力度，增加对农村的投入。当前，政府财政应当加大对农村的投入力度，重点围绕环境卫生、治安、文化、养老、医疗等具体社会事务进行核算和投入。农民个人也应适当地承担一部分费用，并可通过社会捐赠等形式获取一部分资金，形成多元化的资金筹集渠道。

我国原有的预算基本上采取增量预算的方式，在目前推动基层政府改革、创新农村社会治理机制的大背景下，急需开展一次基础性的普查及核算工作，有条件的地方可以开展一次零基预算工作，要对原有预算进行重大调整，建立科学的税收和财政转移支付制度。

第四，进一步完善"一事一议"制度，建立农民公共服务需求的表达渠道。通过多种方式，搜集农民的意见和建议，建立以农民满意度为导向的基层政府公共服务绩效评价机制。对于资金来源和使用去向等重大问题，应当实现民主参与、公开透明。村委会需要搭建起政府与乡村社会之间的沟通桥梁，要把农民对公共物品的需求偏好准确地反映给政府，同时，对国家财政转移资金负有直接执行决策责任。通过完善"一事一议"制度，凝聚共识，表达农民需求，降低内部决策成本，提高决策效率。

第五，对农村公共服务进行分类和细化。需要进一步明确农民承担公共物品费用的范围，如垃圾清运、绿化、道路硬化、农田水利等，我们需要列出详细清单，具体明确农民在哪些事项需要政府免费提供，哪些需要由农民自己付费，哪些需要支付一部分费用。这是理顺农民和政府关系，进一步加强农村社会治理的基础性工作。

第六，逐步实现决策权、执行权和监督权的分离。基层政府和村民委员会是农村公共服务的决策主体，应单独成立村务理事会，负责公共服务供给工作的实际执行工作，成立监督委员会负责农村公共服务的过程监督与效果评价。

第七，建立多元化的公共服务供给机制。有些公共服务可以由政府直接供给，但是，这些毕竟是少数，更多的公共服务不需要政府直接提供，政府可以通过拨款或购买服务的形式来完成公共服务的供给。要更多地调动农村社会组织、村委会和农民的积极性，让农民自己来决定具体公共服务的购买方式，并评价和监督公共服务供给过程和效果。

二　农村土地制度的变革

土地是农民的命根子，即使在今天，我国"三农"问题的一个核心症结所在仍然是土地问题。土地问题不仅影响到了农村经济发展，而且与农村社会管理密切相关，可以说，土地问题是牵挂农村社会治理全局的一个重大问题。

首先，农村土地关系到国家的粮食生产和粮食安全，同时也是农民重要的（甚至是唯一的）收入来源，它构成了农村社会治理的物质基础。

其次，土地问题是农村社会矛盾纠纷的多发地带，是农村社会治理所要解决的重点问题。农民之间的纠纷，有很大一部分是由于土地问题引起的，农民与开发商之间的矛盾，几乎都是土地问题。我们在调查过程中发现这样一种普遍现象，新当选村干部上任伊始，一般会马上急于出包村集体土地，为从中获利，承包期限往往长达几十年，大多引发农民不满。有

20.82%的被调查农民明确表示，在土地承包过程中，老百姓的权利没能得到维护。

最后，随着城镇化进程的加快，越来越多的青年人到城里务工，原有承包土地和宅基地问题仍然留在农村，不少地方土地承包关系几十年未进行调整，部分农户出现"人多地少"的新矛盾，这已经成为农村社会治理的重要课题。

但是，当前农村土地制度的一些深层次矛盾和根本性问题并没有得到解决，需要进一步解决好。

一是，进一步稳固土地承包关系。

随着农村土地承包经营制度不断发展和完善，农村土地权利已经形成"所有权—承包权—经营权"的三权分置局面。在农村土地集体所有的前提下，承包权和经营权逐步开始分离，土地经营权被赋予了抵押、担保的权能，土地的承包人只可能是原来村集体的农户，而经营人可以是任何法人、自然人或组织。

当前，全国各地普遍开展农村承包地和宅基地"确权颁证"工作，这对于维护农民权益、科学规划用地、保护耕地、促进农村土地流转均起到了积极作用。从所有权和承包权之间的关系来看，国家希望利用稳定的土地承包关系调动农民的种粮积极性，然而，由谁来代表村集体，什么样的人拥有土地承包权，是依据户籍标准，还是依据其他标准，需要制订统一的规范。

从承包权和经营权来看，拥有承包权的一方，未必亲自耕种，耕种土地者，未必拥有承包权。国家希望利用这种关系，促进土地流转，农民的土地可以用来抵押担保、投资入股。当然，这种关系是建立在承包关系和经营收益均为稳定状态基础之上的。

二是，有效维护农民的土地利益。

当前，农村土地流转数量在逐年增加，然而土地流转的总体规模远远不能满足现代农业集约化经营的需要，并且在土地流转过程中，需要解决流转不规范、机制不完善、农民受益少等突出问题。STA村是我们所调查的一个综合状况很好的村庄，该村位于县城边沿。

　　　我们村挺好的，问题较少。但存在一个较大的问题就是，在城市化进程中，村民与政府和村委会的纠纷得不到合理、友善的解决。建

议政府和村委会在处理土地问题时，多站在村民的角度考虑问题，利益和权益才能得到充分保证。（摘自 STA 村访谈记录）

DYI 村是我们调查的一个城郊村，靠近市区三环路。由于村边建"环城水系"，大量土地被征用。

被征地的村民被一次性给予 8 万元的土地补偿，没有被征地的农民大多外出打工，大部分土地被荒置。由于靠近城市边缘，村内外来经商摆摊的人员居多。村民对本村最不满意的是，土地侵权事件时有发生，被征地时农民的权益不能得到较好的维护，村民的实际利益受损。（摘自 DYI 村访谈记录）

在城镇化进程中，农民手中土地不断被征用和开发，不少农民沦为失地农民，需要进一步改进和完善失地农民社会保障制度，保障其基本生活需求，加强培训，促进其就业发展。

三　城镇化与流动人口管理

随着城镇化进程的加快，农村大量青年外出务工或经商。他们促进了"流入地"领域的经济发展，增加自身收入，但与此同时，也为社会管理和治理工作带来了诸多问题和挑战。

对于"流出地"来讲，外出务工人员带来了严重的农村"空心化"问题，不少农村几乎没有青壮劳力，老年人、妇女、儿童构成了农村人口的主力。未来要进一步搞好农村土地利用规划，提高土地利用效率，依法有序地推进农村土地整治工作。要提升农村和农业需要自身的竞争优势，逐步引导资本下乡，积极发展多种产业。建立在外务工人员联系会，让他们在村内事务管理中仍发挥一定积极作用，引导部分外出务工人员返乡创业。进一步挖掘农业新功能，把产业、文化、民生有机结合起来，大力开发农村现代休闲旅游观光市场，让更多市民感受到乡土文化的魅力，吸引更多的人投入到农村经济建设和社会发展中来。

对于"流入地"来讲，外来务工人员增加了社会管理和服务的难度。未来，各地要建立流动人口服务机构、开发流动人口系统软件，创新工作方式和方法，认真搞好流动人口管理和服务工作。进一步深化城乡户籍制度改革，完善流动人口公共服务体系，提高其社会保障水平，逐步使他们享受城镇人口同等待遇；更多地借助信息化手段，提高针对流动人口的动态服务管理水平；大力营造良好社会氛围，推进流动人口融入城镇的步伐。

小　结

创新农村社会治理机制，需要树立全新价值理念，要实现从"维稳"到"善治"的观念转变。

创新农村社会治理机制，必须坚持走中国特色的农村社会治理道路。中国农村社会治理所走过的路程是独一无二的。构建农村社会治理机制时，一定要尊重历史、尊重现实，任何照抄、照搬的经验和做法都是走不通的。坚持中国共产党的领导，要进一步完善党组织领导下的村民自治机制。

创新农村社会治理机制，必须树立"五位一体"的治理理念，全方位推动农村社会治理。在所有要素当中，经济要素和政治要素是两个最主要的关键要素，当前，我国农村社会治理面临的最大问题是经济要素与政治要素之间割裂，急需补齐农村社会治理的短板。

创新农村社会治理机制，必须树立农民的中心地位，进一步增强农村社会的自我组织能力，通过机制创新，将分散的农民重新组织起来。要坚持以人为本的原则，依靠和团结群众，引导农民更多关注公共事务，有效解决农村经济社会发展过程中面临的各种难题。

农村社会治理机制包括社会自治机制、社会动员机制、矛盾化解机制以及和谐构建机制四部分。它们之间是相互协调统一的关系。

创新农村社会治理机制，关键在于从根本上改变以往落后的农村公共服务供给方式，要进一步改进乡村两级的执政方式，完善乡镇职能，理顺基层政权关系，完善农村"一事一议"制度。加快推进与农村社会治理密切相关的人口、土地等相关领域的政策改革力度。

参考文献

［英］安东尼·吉登斯：《第三条道路——社会民主主义的复兴》，郑戈译，北京大学出版社 2000 年版。

［苏］奥马罗夫：《社会管理——某些理论与实践问题》，王思斌等译，浙江人民出版社 1987 年版。

包心鉴等：《大众政治参与和社会管理创新》，人民出版社 2012 年版。

蔡禾：《从利益诉求的视角看社会管理创新》，《社会学研究》2012 年第 4 期。

曹锦清：《黄河边的中国》，上海文艺出版社 2002 年版。

曹锦清：《如何研究中国》，上海人民出版社 2010 年版。

陈成文等：《农村社会管理创新与社会工作研究》，《社会工作》2012 年第 1 期。

陈福今：《大力推进社会管理创新努力构建和谐社会》，《国家行政学院学报》2005 年第 6 期。

陈家刚：《从社会管理走向社会治理》，《学时时报》2012 年 10 月 22 日第 6 版。

陈家刚：《基层治理：转型发展的逻辑与路径》，《学习与探索》2015 年第 2 期。

陈晶莹：《我国农村基本公共服务供给不均等原因分析》，《改革与开放》2011 年第 8 期。

陈红心：《社会管理创新的现实根源及价值诉求》，《江南社会学院学报》2012 年第 3 期。

陈文科：《"政社合一"的实质是以政代社》，《经济问题探索》1980 年第 5 期。

陈向明：《质的研究方法与社会科学研究》，教育科学出版社 2000 年版。

《创新农村社会管理体系初探》，人民网理论频道，http：//
zb. people. com. cn，2011 – 10 – 24。

崔开云：《国际制度环境下中国政府与非政府组织关系研究》，南京师范
大学出版社 2011 年版。

戴玉琴：《新中国成立以来农村治理模式变迁的路径、影响和走向》，《毛
泽东邓小平理论研究》2009 年第 4 期。

邓大才：《中国乡村治理研究的传统及新的尝试》，《学习与探索》2012
年第 1 期。

狄金华、钟涨宝：《从主体到规则的转向：中国传统农村的基层治理研
究》，《社会学研究》2014 年第 5 期。

［美］登哈特等：《新公共服务：服务，而不是掌舵》，方兴等译，中国人
民大学出版社 2015 年版。

邓正来：《关于“国家与市民社会”框架的反思与批判》，《吉林大学社会
科学学报》2006 年第 5 期。

［美］杜赞奇：《文化权力与国家》，王福明译，江苏人民出版社 2008
年版。

范伟达、朱红生：《多元化的社会学理论》，辽宁人民出版社 1989 年版。

费孝通：《费孝通文集》，群言出版社 1999 年版。

高鹏：《善治：社会管理的终极目标》，《改革与开放》2011 年 8 月。

高汝伟：《改善民生向度下社会管理创新路径透析》，《领导科学》2012
年第 8 期。

顾丽梅、王芳：《协作治理：党群工作与社会管理创新》，《南京社会科
学》2012 年第 10 期。

韩芳德、马梅英：《新形势下创新农村社会管理探研》，《兰州学刊》2012
年第 9 期。

《河北省肃宁县推行“四个全覆盖”创新农村社会管理体制》，新华网，
http：//news. xinhuanet. com，2011 – 02 – 17。

胡倩：《民主革命时期中共治理乡村社会的基本特征与历史经验》，《淮阴
师范学院学报》2013 年第 6 期。

黄建钢：《论“社会新建设”与“公共性发展”——对当前中国“社会
管理创新”的思考》，《中共南京市委党校学报》2012 年第 3 期。

黄建洪：《自主性管理：创新社会管理的引导性议题》，《社会科学》2012

年第 10 期。

黄建军：《多维视角下的社会管理创新》，《石河子大学学报》（哲学社会科学版）2012 年第 5 期。

姜裕富：《农村基层党组织与农民专业合作社的关系研究——基于资源依赖理论的视角》，《社会主义研究》2011 年第 5 期。

焦成举：《对社会管理的几点思考》，《党政论坛》2012 年第 1 期。

［美］科塞：《社会冲突的功能》，孙立平译，华夏出版社 1989 年版。

蓝志勇、李东泉：《社区发展是社会管理创新与和谐城市建设的重要基础》，《中国行政管理》2011 年第 10 期。

李莉：《关于中国社会管理体制改革的几个基本问题的认识》，《学习与实践》2011 年第 5 期。

李培林：《李培林论文选》，中华书局 2009 年版。

李培林访谈录：《三中全会：新论断 新观点 新举措 新理念》，《浙江日报》2014 年 1 月 9 日。

李耀新：《准确把握政府在社会管理创新中的定位》，《国家行政学院学报》2012 年第 3 期。

林坚：《从另一个视角析"五位一体"》，《瞭望新闻周刊》2014 年第 4 期。

刘建平等：《农业税取消后农村公共品供给能力下降的现象及对策分析》，《中国行政管理》2006 年第 5 期。

刘旺洪：《社会管理创新：概念界定、总体思路和体系建构》，《江海学刊》2011 年第 5 期。

卢芳霞：《中国农村社会管理创新之路径与模式初探》，《中共杭州市委党校学报》2011 年第 5 期。

鲁开垠、李文辉：《加大力度促进广东农村社会管理创新的建议》，《广东省社会主义学院学报》2012 年第 1 期。

陆慧新：《以"三社"互动推动基层社会管理创新》，《社团管理研究》2012 年第 6 期。

路小昆：《创新农村社会管理的有效载体》，《成都行政学院学报》2012 年第 4 期。

麻国庆：《宗族的复兴与人群结合——以闽北樟湖镇的田野调查为中心》，《社会学研究》2000 年第 6 期。

［德］马克斯·韦伯：《经济与社会》，阎克文译，上海人民出版社 2010
    年版。

马全中：《社会管理创新的概念分析》，《社会主义研究》2012 年第 5 期。

门献敏：《社会管理创新视野下我国农村社会组织的角色定位》，《社会主
    义研究》2012 年第 2 期。

门献敏：《在社会治理体系创新中提升农村社会组织公共服务能力》，《学
    术交流》2014 年第 8 期。

潘信林等：《农村社会管理创新的动力结构与机制分析》，《湖南农业大学
    学报》（社会科学版）2012 年第 3 期。

彭文军：《关于社会管理创新的实践与思考》，《学习月刊》2012 年第
    6 期。

［美］乔纳森·H. 特纳：《社会宏观动力学：探求人类组织的理论》，林
    聚任等译，北京大学出版社 2006 年版。

尚秋谨、赵仲杰：《试伦官民"二元"生态结构中的社会管理创新》，《长
    白学刊》2012 年第 5 期。

施雪华：《互联网与中国社会管理创新》，《学习研究》2012 年第 6 期。

史云贵：《中国现代国家构建进程中的社会治理研究》，上海人民出版社
    2010 年版。

郑杭生等：《多元利益诉求统筹兼顾与社会管理创新——来自南海的"中
    国经验"》，华中科技大学出版社 2012 年版。

史云贵、屠火明：《基层社会合作治理：完善中国特色公民治理的可行性
    路径探析》，《社会科学研究》2010 年第 3 期。

首席时政观察员：《新经济组织是农村社会管理创新的重要依托》，《领导
    决策信息》2011 年第 13 期。

司甜：《社会转型视域下坚持党的群众路线长效机制研究》，《淮海文汇》
    2014 年第 4 期。

苏海新、吴家庆：《论中国乡村治理模式的历史演进》，《湖南师范大学学
    报》2014 年第 6 期。

孙录宝：《关于鼓励扶持社会组织参与社会管理创新的若干思考》，《山东
    社会科学》2012 年第 9 期。

孙少菲、陈小腊：《从农村社会发展看 60 多年来村级治理状况》，《西南
    农业大学学报》2011 年第 2 期。

孙艳华、刘湘辉：《当前农村社会治理的四大挑战》，《光明日报》2014
　　年8月20日。

唐军：《蛰伏与绵延：当代华北村落家族的生长历程》，中国社会科学出
　　版社2001年版。

涂尔干：《社会分工论》，渠东译，三联书店2013年版。

王卉：《农村社会管理创新问题探究》，《中共云南省委党校学报》2012
　　年第1期。

王军：《农民专业合作社与农村社会管理创新研究》，《农业展望》2012
　　年第6期。

王林生：《中国经济社会转型的理论思考》，光明日报出版社2007年版。

王名等：《社会组织与社会治理》，社会科学文献出版社2015年版。

王彦斌：《社会管理的共构》，社会科学文献出版社2011年版。

魏永峰：《论〈社会学的想象力〉的方法论思想蕴涵》，《江西师范大学
　　学报》（哲学社会科学版）2009年第2期。

吴新叶：《农村社会管理何去何从：整体性治理视角的尝试性解读》，《理
　　论探讨》2013年第2期。

向春玲：《从"管理"到"治理"体现执政理念的根本转变》，人民网理
　　论频道，http://theory.people.com.cn/n/2013/1114/c148980 - 23540224.
　　html，2013 - 11 - 14。

向春玲：《论多种社会主体在社会管理创新中的作用》，《中共中央党校学
　　报》2011年第5期。

熊昌茂：《现阶段农村社会管理创新的路径研究》，《常州大学学报》（社
　　会科学版）2011年第3期。

徐玩强：《社会管理创新——理论与实践》，科学出版社2012年版。

徐顽强等：《社会管理创新视角下农村社会组织发展困境和路径研究》，
　　《广西社会科学》2012年第6期。

徐勇、朱国云：《农村社区治理主体及其权力关系分析》，《理论月刊》
　　2013年第1期。

许芸、孙建：《大学生"村官"制度与农村社会管理创新》，《青海社会科
　　学》2012年第1期。

薛伟强：《洋博士与农夫为伍——以民国时期"定县实验"为个案考察》，
　　硕士学位论文，上海大学，2007年。

燕继荣：《三种统治模式下的社会治理》，《人民论坛》2012 年第 6 期。

杨建顺：《行政法视野中的社会管理创新》，《中国人民大学学报》2011 年第 1 期。

杨善华、侯红蕊：《血缘、姻缘、亲情与利益——现阶段中国农村社会中差序格局的理性化趋势》，《宁夏社会科学》1999 年第 6 期。

杨丽、王名：《农村社会管理创新的肃宁实践及其启示》，《探索》2012 年第 4 期。

杨小明：《政治动员的功能新探》，《浙江学刊》2012 年第 1 期。

杨钰：《苏南社会管理创新的动力与实践分析》，《华东经济管理》2012 年第 8 期。

姚世坤：《推进农村社会管理创新的思考 全国社会治安综合治理工作会议发言摘登》，四川新闻网，http://sichuan.scol.com.cn，2010 - 06 - 21。

殷昭举：《创新社会治理机制》，广东人民出版社 2011 年版。

于兴卫：《中国农村社会治理方式的变迁研究》，《中共福建省委党校学报》2002 年第 5 期。

[美] 约瑟夫·A. 马克斯威尔：《质的研究设计：一种互动的取向》，朱光明译，重庆大学出版社 2007 年版。

张海伟：《社会管理创新的路径选择》，《中共山西省委党校学报》2012 年第 5 期。

张建军：《构建中国特色的乡村社会治理机制》，《农民日报》2014 年 2 月 24 日。

张学东、李红霞：《当前农村社会管理存在的问题及其治理策略——基于河北省 76 个农村的调查与分析》，《重庆社会主义学院学报》2011 年第 1 期。

张云英：《农村社会组织：农村社会管理创新的基础》，《湖南农业大学学报》（社会科学版）2011 年第 6 期。

张再生、吴云青：《公民参与社会管理创新的机制与对策研究》，《理论探讨》2012 年第 5 期。

张仲灿：《以服务型党组织建设促进基层社会管理创新》，《党建研究》2012 年第 7 期。

赵达：《将社区社团发展纳入社会建设整体布局》，《光明日报》2012 年 1 月 5 日。

周水仙:《协同治理:农村社会管理创新模式》,《山东省农业管理干部学院学报》2011 年第 1 期。

周鑫泽:《农村社会组织发展与社会管理创新》,《中共浙江省委党校学报》2012 年第 1 期。

周其仁:《"政社合一"的长尾巴》,《经济观察报》2013 年 5 月 13 日。

祝丽生:《现代乡村社会治理机制创新研究——从"枫桥经验"到"八郑规程"》,《公安学刊》(浙江警察学院学报)2013 年第 3 期。

Bryan. S. Turner. *The Cambridge Dictionary of Sociology*. New York: Cambridge University Press.

Christopher Hood. "The New Public Management". *Public Administration*, Vol. 69, Spring1991 (3 – 9).

Erich J. Sommer Feldt, Maureen Taylor. "A social capital approach to improving public relations' efficacy: Diagnosing internal constraints on external communication". *Public Relations Review*, Volume 37, Issue 3, September 2011, pp. 197 – 206.

Erich J. Sommer feldt. "Networks of social capital: Extending a public relations model of civil society in Peru". *Public Relations Review*, Volume 39, Issue 1, March 2013, pp. 1 – 12.

Joanna Goven, E. R. "Community engagement in the management of bio solids". *Journal of Environmental Management*, Volume 103, 30 July 2012, pp. 154 – 164.

Lin N. *Social Capital: A theory of Social Structure and Action*. England, Cambridge University Press, 2001.

后　记

　　我注定与"三农"问题有着不解情缘，在即将放下手中键盘的那一刻，我似乎没有任何轻松的感觉，联想起我原来的博士论文《农村社会保障制度与农地制度关系研究》，感觉自己所研究的问题可能是永无止境的，自己对"三农"问题的情结更深了，甚至略带一些沉重。

　　这个研究报告由我执笔撰写，是我和合作导师王慧军教授共同努力的结果。报告的选题完全归功于合作导师，他一直长期关注中国的农业、农村和农民问题，他站位高远、独具慧眼，提出了这个极好的选题，倡导"田野式调查"，并与我一起设计了研究的主要思路。在后续研究过程中，无论是实地调研，还是研究方法的选择，王慧军教授均给予了我莫大的支持和帮助。

　　感谢东北农业大学李翠霞教授，她在研究的诸多环节同样给予了详细指导，从政治态度和观点的把握，到语言文字的规划，都给了我很大帮助。感谢董经纬、彭建强、周伟文、高一雷、孙丽敏、王莹、曹保刚、贾士靖、郑彦平等几位专家以及人社厅孙文进、张永平等领导，他们在开题报告和出站答辩时所提的意见和建议，对于后期研究方案的修正以及报告修改，均发挥了画龙点睛式的妙用，谢谢！

　　感谢河北省农林科学院博士后工作站的全体同仁，感谢他们所提供的服务和支持。

　　感谢河北师范大学李晓帅、孟四宝、张伟娜等50多名研究生和学生。他们参与并完成了问卷发放、访谈记录整理、数据录入等工作。他们认真学习调研要求，积极参加调研培训，及时与我沟通，具有较强的敬业精神，工作一丝不苟、认真付出，足迹遍布河北省100个村庄，他们感动了我的同时，也感动了被调查的1500余名农民。另外，在整个调研过程中，我们得到了被调查村庄的相关同志的支持配合与帮助，在此一并表示感谢。

　　最后，感谢我的夫人和女儿，在我实地调研和报告撰写期间，在我苦思冥想之时，在理论研究和数据分析几乎陷于停顿的时候，是她们给我送来了热茶和水果，谢谢她们的理解和关怀。

耿永志

2016 年 1 月于河北师范大学